Alfred de Musset

Fantasio

Classiques & Patrimoine

Appareil pédagogique et lexique établis par

Christine Girodias-Majeune
professeure de Lettres
Ensemble scolaire La Salle Clermont-Ferrand

MAGNARD

Présentation : l'auteur, l'œuvre et son contexte

Fantasio

d'Alfred de Musset

Étude de l'œuvre : séances

Sommaire

Présentation : l'auteur, l'œuvre et son contexte

Alfred de Musset
(1810-1857)

Portrait d'Alfred de Musset réalisé par Charles Landelle, huile sur toile, 1877, musée du château, Versailles.

Né sous le premier Empire, le 11 décembre 1810 à Paris, Alfred de Musset est issu d'une famille de la petite noblesse vendômoise. L'écrivain se targue d'avoir un lien de parenté avec Jeanne d'Arc ainsi qu'une bisaïeule descendant des cousins du poète Joachim du Bellay. Brillant élève au lycée Henri-IV, Musset délaisse des études de droit et de médecine pour se consacrer pleinement à la poésie et publie en 1828 une ballade intitulée *Un rêve*.

Le jeune homme à la réputation de dandy mène une vie de bohème et fréquente les salons littéraires parisiens. Son recueil poétique *Contes d'Espagne et d'Italie* (1829) est un succès ; en revanche, *La Nuit vénitienne* (1830), comédie en un acte, se révèle un échec cuisant[1].

Anéanti, Musset revendique alors un théâtre libéré de toutes les conventions de la scène, destiné à être lu plutôt que joué[2]. Ainsi, *Lorenzaccio*, drame romantique en cinq actes, publié en 1834, jugé injouable en raison notamment du nombre impor-

1. Théâtre de l'Odéon (1er et 3 décembre 1830).
2. Il publie ses pièces de théâtre dans la *Revue des Deux Mondes. Un spectacle dans un fauteuil* (1832) réunit une dédicace, une tragédie, une comédie et un poème.

tant de lieux scéniques et de personnages, sera représenté pour la première fois en 1896 au Théâtre de la Renaissance.

Le dramaturge sacrifie à la mode du proverbe dramatique[1] : *On ne badine pas avec l'amour* (1834), *Il ne faut jurer de rien* (1836), *Il faut qu'une porte soit ouverte ou fermée* (1845).

Écrivain polygraphe, Musset publie un roman d'inspiration autobiographique : *La Confession d'un enfant du siècle* (1836) dans lequel il évoque « le mal du siècle »[2]. Son recueil poétique *Les Nuits* (1835-1837) est révélateur d'une âme tourmentée. L'artiste pratique aussi le genre de la nouvelle avec *Margot* (1836), *Les Deux Maîtresses* (1840), et celui du conte : *Le Secret de Javotte* (1844), *Mimi Pinson* (1845).

L'écrivain est profondément marqué par l'influence d'autres auteurs. Nous trouvons dans *Fantasio* des emprunts et des références à Shakespeare, Marivaux, Johann Paul Friedrich Richter[3], E.T.A. Hoffmann (pour ses textes fantastiques[4]).

Élu membre de l'Académie française le 12 février 1852, mais prématurément vieilli et dépressif[5], Musset est sujet à des crises nerveuses. Il meurt quasiment oublié le 2 mai 1857 à 46 ans.

---

1. Genre lié à la vie de salon au XVIIIe siècle et revenu à la mode à partir de 1820 : jeu mondain, scène(s) improvisée(s) à partir d'un proverbe connu.

2. Voir p. 83.

3. Cf. note 2, p. 23.

4. Dans *Le Chat Murr*, un prince italien veut s'assurer de son amour avant d'épouser la fille du duc Iréneus. Mais cette dernière éprouve de la répulsion pour ce prince qui sera mis en fuite par Johannes Kreisler, maître de chapelle. Voir p. 88-90.

5. « J'ai perdu ma force et ma vie / Et mes amis et ma gaieté », « Tristesse », *Poésies nouvelles*, 1840.

Présentation : l'auteur, l'œuvre et son contexte

Fantasio (1834)

Publiée dans la *Revue des Deux Mondes* le 1er janvier 1834, cette courte comédie en deux actes de Musset fut rédigée entre juillet et décembre 1833, période des débuts de sa relation passionnelle avec George Sand. Les deux auteurs s'inspirent mutuellement[1] et travaillent simultanément leurs textes. En effet, certaines de leurs œuvres, rédigées durant cette époque de création artistique féconde, présentent des similitudes dans leur forme et dans leurs thèmes : alors que Musset compose *Fantasio* et *Le Roman par lettres*[2], Sand rédige *Aldo le rimeur* (1833) et *Le Secrétaire intime* (1834).

Le Chapelain décoiffé de Boileau (1660) et *Le Bouffon du prince* (1831) de Mélesville et Saintine constituent probablement les sources de la pièce.

Fantasio est une œuvre complexe : conte poétique et burlesque, fantaisie[3] romantique, réflexion désabusée sur la condition humaine, et variation parodique sur le thème du bouffon dont l'intrigue est juste ébauchée.

Considérée comme injouable, puisque « pièce à lire », *Fantasio* sera représentée pour la première fois à la Comédie-Française le 18 août 1866 dans une version remaniée de Paul de Musset, frère aîné de l'auteur[4].

---

1. Ainsi, Saint-Jean, le bouffon dans *Fantasio*, était le nom de famille d'un domestique de George Sand à Nohant.
2. Roman épistolaire inachevé (1896, posthume) dont s'est inspiré Sand pour écrire *Le Secrétaire intime*.
3. Fantaisie : du latin *fantasia* (« idée », « image »), issu du grec ancien *phantasía* (« apparition », « vision »). Synonyme d'« imagination », le terme a pris aussi le sens de « liberté d'esprit ». À l'époque romantique (1820-1830), l'écriture fantaisiste accorde la primauté à la liberté d'invention et de créativité de l'artiste.
4. Seulement trente représentations. « Fantasio transformé en soupirant attitré [...] n'est plus Fantasio », A. Soubies, *Une première par jour. Causeries sur le théâtre*, 1888.

Musset avait envisagé en 1851 un troisième acte : naissance d'un sentiment amoureux entre la princesse et Fantasio[1], départ de ses amis pour la guerre contre le prince de Mantoue.

Fantasio inspira un opéra mis en musique par Offenbach et créé à l'Opéra-Comique le 18 janvier 1872.

Alfred de Musset et la muse, statue de marbre réalisée par Antonin Mercié, 1906, parc Monceau, Paris.

---

1. « [...] Il pensait à transporter la jolie tirade sur le tableau du *Coup de l'étrier* dans une des conversations entre Fantasio et Elsbeth. La scène de la prison devenait un troisième acte, où la princesse mettait un peu d'insistance et de coquetterie à exiger de Fantasio la promesse qu'il reviendrait à la cour », notice de Paul de Musset, in *Œuvres complètes d'Alfred de Musset*, Paris, Charpentier, 1888, tome III.

Présentation : l'auteur, l'œuvre et son contexte

Le contexte historique et culturel

En 1832, année qui précède la rédaction de *Fantasio*, une épidémie de choléra frappe durement Paris. Plusieurs milliers de décès sont recensés en six mois, dont celui du père d'Alfred de Musset. Le thème du mariage contraint, présent dans la pièce, est en relation avec un événement politique contemporain : le 9 août 1832, la princesse Louise (âgée de 20 ans), fille du roi Louis-Philippe, épouse le quadragénaire

Contexte historique

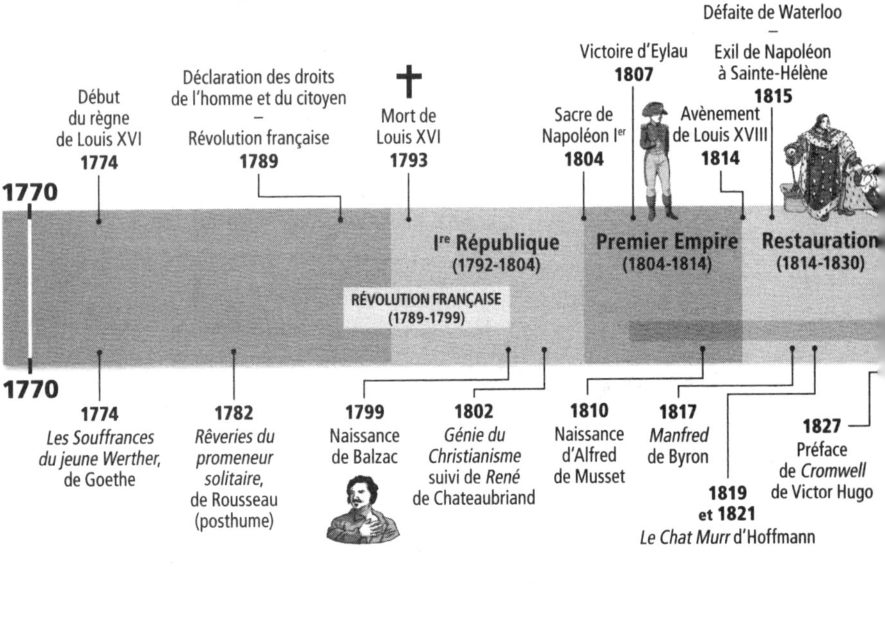

Contexte culturel

roi des Belges Léopold Ier de Saxe-Cobourg. Les motivations de cette union sont strictement politiques. Tout comme le roi de Bavière dans la pièce de Musset, le père a offert à sa fille la possibilité de renoncer à ce sacrifice, mais la raison d'État l'a emporté. L'artiste ne pouvait rester insensible à la détresse de cette jeune femme pour laquelle il aurait éprouvé de tendres sentiments.

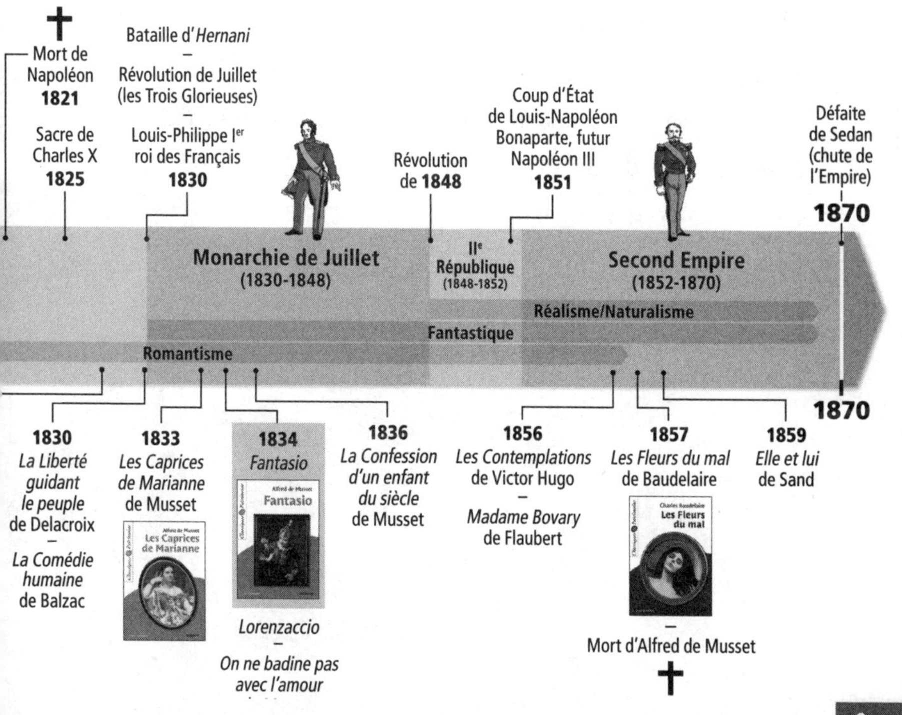

Fantasio
d'Alfred de Musset

Comédie

PERSONNAGES

LE ROI DE BAVIÈRE

LE PRINCE DE MANTOUE

MARINONI : son aide de camp

RUTTEN : secrétaire du roi

FANTASIO, SPARK, HARTMAN, FACIO : jeunes gens de la ville

ELSBETH : fille du roi de Bavière

LA GOUVERNANTE D'ELSBETH

Officiers, pages, etc.

La scène est à Munich.

Acte I

Scène 1

À la cour.

LE ROI, *entouré de ses courtisans* ; RUTTEN

LE ROI. – Mes amis, je vous ai annoncé, il y a déjà longtemps, les fiançailles de ma chère Elsbeth avec le prince de Mantoue[1]. Je vous annonce aujourd'hui l'arrivée de ce prince ; ce soir peut-être, demain au plus tard, il sera dans ce palais. Que ce soit un jour de fête pour tout le monde ; que les prisons s'ouvrent, et que le peuple passe la nuit dans les divertissements. Rutten, où est ma fille ?

Les courtisans se retirent.

RUTTEN. – Sire, elle est dans le parc, avec sa gouvernante.

LE ROI. – Pourquoi ne l'ai-je pas encore vue aujourd'hui ? Est-elle triste ou gaie de ce mariage qui s'apprête[2] ?

RUTTEN. – Il m'a paru que le visage de la princesse était voilé de quelque mélancolie. Quelle est la jeune fille qui ne rêve pas la veille de ses noces ? La mort de Saint-Jean[3] l'a contrariée.

Vocabulaire et noms propres

1. *Prince de Mantoue* : Mantoue est un duché italien depuis 1530. Musset commet volontairement cette inexactitude pour se détacher du réel et signifier dès le début de la pièce que ce personnage est inconsistant et dénué de vraisemblance.
2. *Qui s'apprête* : qui est en train de s'organiser, de se préparer.
3. *Saint-Jean* : le bouffon du roi. Son nom évoque le solstice d'été (vers le 21 juin), célébré autour de feux de joie (tradition héritée des fêtes païennes).

Le roi. – Y penses-tu ? La mort de mon bouffon ? d'un plaisant de cour[1] bossu et presque aveugle !

Rutten. – La princesse l'aimait.

Le roi. – Dis-moi, Rutten, tu as vu le prince ; quel homme est-ce ? Hélas ! je lui donne ce que j'ai de plus précieux au monde, et je ne le connais point.

Rutten. – Je suis demeuré fort peu de temps à Mantoue.

Le roi. – Parle franchement. Par quels yeux puis-je voir la vérité, si ce n'est par les tiens ?

Rutten. – En vérité, sire, je ne saurais rien dire sur le caractère et l'esprit du noble prince.

Le roi. – En est-il ainsi ? Tu hésites, toi, courtisan ! De combien d'éloges l'air de cette chambre serait déjà rempli, de combien d'hyperboles[2] et de métaphores[3] flatteuses, si le prince qui sera demain mon gendre t'avait paru digne de ce titre ! Me serais-je trompé, mon ami ? aurais-je fait en lui un mauvais choix ?

Rutten. – Sire, le prince passe pour le meilleur des rois.

Le roi. – La politique est une fine toile d'araignée, dans laquelle se débattent bien des pauvres mouches mutilées ; je ne sacrifierai le bonheur de ma fille à aucun intérêt.

Ils sortent.

Vocabulaire

1. *Plaisant de cour* : périphrase pour désigner le bouffon. L'adjectif substantivé « plaisant » (emploi vieilli) désigne celui qui plaît en faisant rire.
2. *Hyperboles* : figures de style dans lesquelles une idée est mise en évidence au travers de l'exagération.
3. *Métaphores* : figures de style dans lesquelles deux idées sont rapprochées sans terme comparatif.

Scène 2

Une rue.

SPARK[1], HARTMAN *et* FACIO, *buvant autour d'une table.*

HARTMAN. – Puisque c'est aujourd'hui le mariage de la princesse, buvons, fumons, et tâchons de faire du tapage.

FACIO. – Il serait bon de nous mêler à tout ce peuple qui court les rues, et d'éteindre quelques lampions[2] sur de bonnes têtes de bourgeois[3].

SPARK. – Allons donc ! fumons tranquillement.

HARTMAN. – Je ne ferai rien tranquillement ; dussé-je me faire battant de cloche et me pendre dans le bourdon de l'église[4], il faut que je carillonne un jour de fête[5]. Où diable est donc Fantasio[6] ?

SPARK. – Attendons-le ; ne faisons rien sans lui.

FACIO. – Bah ! il nous retrouvera toujours. Il est à se griser[7] dans quelque trou de la rue Basse[8]. Holà, ohé ! un dernier coup !

Il lève son verre.

Vocabulaire, noms propres et références

1. *Spark* : en anglais, « étincelle » ; par extension ici « bon vivant », vif d'esprit.
2. *Lampions* : récipients dans lesquels on brûle une matière combustible pour faire des illuminations.
3. *Bourgeois* : habitants aisés d'un bourg au Moyen Âge et sous l'Ancien Régime. Au XIXe siècle, classe sociale aisée.
4. *Bourdon de l'église* : grosse cloche à son grave.
5. *Je carillonne un jour de fête* : je sonne à toute volée pour célébrer le mariage du prince et de la princesse (Hartman file la métaphore).
6. *Fantasio* : orthographié « Phantasio » sur le manuscrit. Hommage aux *Fantaisies à la manière de Callot* (1814-1815) de l'écrivain allemand E.T.A. Hoffmann (1776-1822).
7. *Il est à se griser* : il est en train de se saouler. Le thème de l'ivresse est récurrent dans la pièce.
8. *La rue Basse* : la rue d'en bas, celle où habite le peuple.

UN OFFICIER, *entrant.* – Messieurs, je viens vous prier de vouloir bien aller plus loin, si vous ne voulez point être dérangés dans votre gaieté.

HARTMAN. – Pourquoi, mon capitaine ?

L'OFFICIER. – La princesse est dans ce moment sur la terrasse que vous voyez, et vous comprenez aisément qu'il n'est pas convenable que vos cris arrivent jusqu'à elle.

Il sort.

FACIO. – Voilà qui est intolérable !

SPARK. – Qu'est-ce que cela nous fait de rire ici ou ailleurs ?

HARTMAN. – Qui est-ce qui nous dit qu'ailleurs il nous sera permis de rire ? Vous verrez qu'il sortira un drôle[1] en habit vert de tous les pavés de la ville, pour nous prier d'aller rire dans la lune.

Entre Marinoni, couvert d'un manteau.

SPARK. – La princesse n'a jamais fait un acte de despotisme[2] de sa vie. Que Dieu la conserve ! Si elle ne veut pas qu'on rie, c'est qu'elle est triste, ou qu'elle chante ; laissons-la en repos.

FACIO. – Humph ! voilà un manteau rabattu qui flaire quelque nouvelle. Le gobe-mouche[3] a envie de nous aborder.

MARINONI, *approchant.* – Je suis un étranger, messieurs ; à quelle occasion cette fête ?

Vocabulaire

1. *Un drôle* : (vieilli) individu de sexe masculin.
2. *Despotisme* : pouvoir absolu et autoritaire d'un individu.
3. *Le gobe-mouche* : oiseau qui se nourrit d'insectes en les attrapant au vol. Ici, sens figuré : individu crédule et niais.

SPARK. – La princesse Elsbeth se marie.

MARINONI. – Ah ! ah ! c'est une belle femme, à ce que je présume ?

HARTMAN. – Comme vous êtes un bel homme, vous l'avez dit

MARINONI. – Aimée de son peuple, si j'ose le dire, car il me paraît que tout est illuminé.

HARTMAN. – Tu ne te trompes pas, brave étranger ; tous ces lampions allumés que tu vois, comme tu l'as remarqué sagement, ne sont pas autre chose qu'une illumination.

MARINONI. – Je voulais demander par là si la princesse est la cause de ces signes de joie.

HARTMAN. – L'unique cause, puissant rhéteur[1]. Nous aurions beau nous marier tous, il n'y aurait aucune espèce de joie dans cette ville ingrate.

MARINONI. – Heureuse la princesse qui sait se faire aimer de son peuple !

HARTMAN. – Des lampions allumés ne font pas le bonheur d'un peuple, cher homme primitif. Cela n'empêche pas la susdite princesse d'être fantasque comme une bergeronnette[2].

MARINONI. – En vérité ? vous avez dit fantasque ?

HARTMAN. – Je l'ai dit, cher inconnu, je me suis servi de ce mot.

Marinoni salue et se retire.

Vocabulaire

1. *Rhéteur* : dans l'Antiquité, un orateur. Ici, celui qui s'exprime avec emphase (péjoratif).

2. *Bergeronnette* : petit oiseau qui agite perpétuellement sa longue queue.

FACIO. – À qui diantre[1] en veut ce baragouineur[2] d'italien ? Le voilà qui nous quitte pour aborder un autre groupe. Il sent l'espion d'une lieue.

HARTMAN. – Il ne sent rien du tout ; il est bête à faire plaisir.

SPARK. – Voilà Fantasio qui arrive.

HARTMAN. – Qu'a-t-il donc ? il se dandine comme un conseiller de justice. Ou je me trompe fort, ou quelque lubie[3] mûrit dans sa cervelle.

FACIO. – Eh bien ! ami, que ferons-nous de cette belle soirée ?

FANTASIO, *entrant.* – Tout absolument, hors un roman nouveau[4].

FACIO. – Je disais qu'il faudrait nous lancer dans cette canaille[5], et nous divertir un peu.

FANTASIO. – L'important serait d'avoir des nez de carton et des pétards.

HARTMAN. – Prendre la taille aux filles, tirer les bourgeois par la queue[6] et casser les lanternes[7]. Allons, partons, voilà qui est dit.

Vocabulaire

1. *Diantre* : juron qui marque ici la perplexité. Déformation de « Diable ! ».
2. *Baragouineur* : (péjoratif) personne qui s'exprime dans une langue étrangère de manière incorrecte et incompréhensible.
3. *Lubie* : caprice, envie soudaine et déraisonnable.
4. *Un roman nouveau* : un roman contemporain. Musset n'appréciait pas la fiction en prose de son époque.
5. *Nous lancer dans cette canaille* : nous mêler à cette foule. « Canaille » est un terme péjoratif utilisé pour désigner le peuple.
6. *La queue* : la queue des jaquettes (habits) des bourgeois ou partie de certaines perruques (touffe de cheveux sur la nuque attachée par un petit ruban).
7. *Les lanternes* : ici, les réverbères.

FANTASIO. – Il était une fois un roi de Perse…

HARTMAN. – Viens donc, Fantasio.

FANTASIO. – Je n'en suis pas, je n'en suis pas.

HARTMAN. – Pourquoi ?

FANTASIO. – Donnez-moi un verre de ça.

Il boit.

HARTMAN. – Tu as le mois de mai sur les joues.

FANTASIO. – C'est vrai ; et le mois de janvier dans le cœur. Ma tête est comme une vieille cheminée sans feu : il n'y a que du vent et des cendres. Ouf ! *(Il s'assoit.)* Que cela m'ennuie que tout le monde s'amuse ! Je voudrais que ce grand ciel si lourd fût un immense bonnet de coton, pour envelopper jusqu'aux oreilles cette sotte ville et ses sots habitants. Allons, voyons ! dites-moi, de grâce, un calembour[1] usé, quelque chose de bien rebattu[2].

HARTMAN. – Pourquoi !

FANTASIO. – Pour que je rie. Je ne ris plus de ce qu'on invente ; peut-être que je rirai de ce que je connais.

HARTMAN. – Tu me parais un tant soit peu misanthrope[3] et enclin à la mélancolie.

FANTASIO. – Du tout ; c'est que je viens de chez ma maîtresse.

FACIO. – Oui ou non, es-tu des nôtres ?

Vocabulaire

1. *Calembour* : jeu de mots basé sur les différences de sens des mots qui se prononcent de manière identique.
2. *Rebattu* : dit et redit, répété.
3. *Misanthrope* : individu qui hait le genre humain.

FANTASIO. – Je suis des vôtres, si vous êtes des miens ; restons un peu ici à parler de choses et d'autres, en regardant nos habits neufs.

FACIO. – Non, ma foi. Si tu es las d'être debout, je suis las d'être assis ; il faut que je m'évertue[1] en plein air.

FANTASIO. – Je ne saurais m'évertuer. Je vais fumer sous ces marronniers, avec ce brave Spark, qui va me tenir compagnie. N'est-ce pas, Spark ?

SPARK. – Comme tu voudras.

HARTMAN. – En ce cas, adieu. Nous allons voir la fête.

Hartman et Facio sortent. Fantasio s'assied avec Spark.

FANTASIO. – Comme ce soleil couchant est manqué ! La nature est pitoyable[2] ce soir. Regarde-moi un peu cette vallée là-bas, ces quatre ou cinq méchants nuages qui grimpent sur cette montagne. Je faisais des paysages comme celui-là quand j'avais douze ans, sur la couverture de mes livres de classe.

SPARK. – Quel bon tabac ! quelle bonne bière !

FANTASIO. – Je dois bien t'ennuyer, Spark ?

SPARK. – Non ; pourquoi cela ?

FANTASIO. – Toi, tu m'ennuies horriblement. Cela ne te fait rien de voir tous les jours la même figure ? Que diable Hartman et Facio s'en vont-ils faire dans cette fête ?

Vocabulaire

1. *Que je m'évertue* : ici, que je me dégourdisse les jambes.
2. *Pitoyable* : qui suscite la pitié. Ici, le spectacle de la nature se révèle peu attrayant, banal. Musset tourne en dérision le cliché romantique d'une magnifique nature consolatrice des malheurs humains.

Spark. – Ce sont deux gaillards actifs, et qui ne sauraient rester en place.

Fantasio. – Quelle admirable chose que *Les Mille et Une Nuits*[1] ! Ô Spark ! mon cher Spark, si tu pouvais me transporter en Chine ! Si je pouvais seulement sortir de ma peau pendant une heure ou deux ! Si je pouvais être ce monsieur qui passe !

Spark. – Cela me paraît assez difficile.

Fantasio. – Ce monsieur qui passe est charmant. Regarde ; quelle belle culotte de soie[2] ! quelles belles fleurs rouges sur son gilet ! Ses breloques[3] de montre battent sur sa panse[4], en opposition avec les basques[5] de son habit qui voltigent sur ses mollets. Je suis sûr que cet homme-là a dans la tête un millier d'idées qui me sont absolument étrangères ; son essence[6] lui est particulière. Hélas ! tout ce que les hommes se disent entre eux se ressemble ; les idées qu'ils échangent sont presque toujours les mêmes dans toutes leurs conversations ; mais, dans l'intérieur de toutes ces machines isolées, quels replis, quels compartiments secrets ! C'est tout un monde que chacun porte en lui ! un monde ignoré qui naît et qui meurt en silence ! Quelles solitudes que tous ces corps humains !

Vocabulaire et nom propre

1. *Les Mille et Une Nuits* : recueil anonyme de contes orientaux traduits en français et publiés (de 1704 à 1717) par Antoine Galland. Œuvre très appréciée par Musset dans sa jeunesse.
2. *Culotte de soie* : pantalon court porté par les aristocrates et les bourgeois.
3. *Breloques* : petits bijoux fantaisie attachés aux chaînes de montre.
4. *Panse* : ventre.
5. *Les basques* : les deux pans ouverts d'un habit.
6. *Son essence* : ce qui constitue le fond de son être (terme philosophique).

SPARK. – Bois donc, désœuvré, au lieu de te creuser la tête.

FANTASIO. – Il n'y a qu'une chose qui m'ait amusé depuis trois jours : c'est que mes créanciers[1] ont obtenu un arrêt contre moi, et que si je mets les pieds dans ma maison, il va arriver quatre estafiers[2] qui me prendront au collet[3].

SPARK. – Voilà qui est fort gai, en effet. Où coucheras-tu ce soir ?

FANTASIO. – Chez la première venue. Te figures-tu que mes meubles se vendent demain matin ? Nous en achèterons quelques-uns, n'est-ce pas ?

SPARK. – Manques-tu d'argent, Henri[4] ? Veux-tu ma bourse ?

FANTASIO. – Imbécile ! si je n'avais pas d'argent, je n'aurais pas de dettes. J'ai envie de prendre pour maîtresse une fille d'opéra[5].

SPARK. – Cela t'ennuiera à périr.

FANTASIO. – Pas du tout ; mon imagination se remplira de pirouettes et de souliers de satin blanc ; il y aura un gant à moi sur la banquette du balcon depuis le premier janvier jusqu'à la Saint-Sylvestre, et je fredonnerai des solos de clarinette dans mes rêves, en attendant que je meure d'une indigestion de fraises dans les bras de ma bien-aimée.

Vocabulaire, nom propre et référence

1. *Créanciers* : personnes à qui une dette est due.
2. *Estafiers* : terme d'origine italienne (péjoratif). Ici, policiers.
3. *Qui me prendront au collet* : qui se saisiront de moi.
4. *Henri* : prénom de Fantasio. C'est aussi celui du docteur Faust, héros de deux pièces de théâtre de l'écrivain allemand Goethe (1749-1832).
5. *Fille d'opéra* : danseuse de corps de ballet qui avait la réputation d'être facile à séduire.

Remarques-tu une chose, Spark ? c'est que nous n'avons point d'état[1] ; nous n'exerçons aucune profession.

Spark. – C'est là ce qui t'attriste ?

Fantasio. – Il n'y a point de maître d'armes mélancolique.

Spark. – Tu me fais l'effet d'être revenu de tout[2].

Fantasio. – Ah ! pour être revenu de tout, mon ami, il faut être allé dans bien des endroits.

Spark. – Eh bien donc ?

Fantasio. – Eh bien donc ! où veux-tu que j'aille ? Regarde cette vieille ville enfumée ; il n'y a pas de places, de rues, de ruelles où je n'aie rôdé trente fois ; il n'y a pas de pavés où je n'aie traîné ces talons usés, pas de maisons où je ne sache quelle est la fille ou la vieille femme dont la tête stupide se dessine éternellement à la fenêtre ; je ne saurais faire un pas sans marcher sur mes pas d'hier ; eh bien ! mon cher ami, cette ville n'est rien auprès de ma cervelle. Tous les recoins m'en sont cent fois plus connus ; toutes les rues, tous les trous de mon imagination sont cent fois plus fatigués ; je m'y suis promené en cent fois plus de sens, dans cette cervelle délabrée, moi son seul habitant ! je m'y suis grisé dans tous les cabarets[3] ; je m'y suis roulé comme un roi absolu dans un carrosse doré ; j'y ai trotté en bon bourgeois sur

---

Vocabulaire

1. *État* : synonyme de « profession » dans la langue classique.
2. *Revenu de tout* : dégoûté, lassé de tout.
3. *Cabarets* : auberges.

une mule pacifique, et je n'ose seulement pas maintenant y entrer comme un voleur, une lanterne sourde[1] à la main !

SPARK. – Je ne comprends rien à ce travail perpétuel sur toi-même ; moi, quand je fume, par exemple, ma pensée se fait fumée de tabac ; quand je bois, elle se fait vin d'Espagne ou bière de Flandre ; quand je baise la main de ma maîtresse, elle entre par le bout de ses doigts effilés pour se répandre dans tout son être sur des courants électriques ; il me faut le parfum d'une fleur pour me distraire, et de tout ce que renferme l'universelle nature, le plus chétif objet suffit pour me changer en abeille et me faire voltiger çà et là avec un plaisir toujours nouveau.

FANTASIO. – Tranchons le mot, tu es capable de pêcher à la ligne.

SPARK. – Si cela m'amuse, je suis capable de tout.

FANTASIO. – Même de prendre la lune avec les dents ?

SPARK. – Cela ne m'amuserait pas.

FANTASIO. – Ah ! ah ! qu'en sais-tu ? Prendre la lune avec les dents n'est pas à dédaigner. Allons jouer au trente et quarante[2].

SPARK. – Non, en vérité.

FANTASIO. – Pourquoi ?

SPARK. – Parce que nous perdrions notre argent.

Vocabulaire

1. *Lanterne sourde* : lanterne dont la lumière peut être masquée à volonté.
2. *Trente et quarante* : jeu de cartes (jeu d'argent et de hasard).

FANTASIO. – Ah ! mon Dieu ! qu'est-ce que tu vas imaginer là ! Tu ne sais quoi inventer pour te torturer l'esprit. Tu vois donc tout en noir, misérable ? Perdre notre argent ! tu n'as donc dans le cœur ni foi en Dieu ni espérance ? tu es donc un athée[1] épouvantable, capable de me dessécher le cœur et de me désabuser de tout, moi qui suis plein de sève et de jeunesse !

Il se met à danser.

SPARK. – En vérité, il y a de certains moments où je ne jurerais pas que tu n'es pas fou.

FANTASIO, *dansant toujours.* – Qu'on me donne une cloche ! une cloche de verre !

SPARK. – À propos de quoi une cloche ?

FANTASIO. – Jean-Paul[2] n'a-t-il pas dit qu'un homme absorbé par une grande pensée est comme un plongeur sous sa cloche[3], au milieu du vaste Océan ? Je n'ai point de cloche, Spark, point de cloche, et je danse comme Jésus-Christ[4] sur le vaste Océan.

SPARK. – Fais-toi journaliste ou homme de lettres, Henri ; c'est encore le plus efficace moyen qui nous reste de désopiler la misanthropie[5] et d'amortir l'imagination[6].

Vocabulaire, nom propre et référence

1. *Athée* : personne qui refuse toute croyance en une divinité.
2. *Jean-Paul* : pseudonyme de Johann Paul Friedrich Richter (1763-1825), écrivain romantique allemand dont certains textes évoquent le monde du rêve, de la fantaisie.
3. *Cloche* : ici, appareil qui permet à un plongeur de descendre et de rester sous l'eau.
4. *Et je danse comme Jésus-Christ* : allusion irrévérencieuse à l'épisode de Jésus-Christ marchant sur les flots du lac de Tibériade.
5. *Désopiler la misanthropie* : supprimer la haine du genre humain (« désopiler » est employé ici dans son sens figuré : « faire rire »).
6. *Amortir l'imagination* : apaiser, réduire l'imagination.

FANTASIO. – Oh ! je voudrais me passionner pour un homard à la moutarde, pour une grisette, pour une classe de minéraux ! Spark ! essayons de bâtir une maison à nous deux.

SPARK. – Pourquoi n'écris-tu pas tout ce que tu rêves ? cela ferait un joli recueil.

FANTASIO. – Un sonnet vaut mieux qu'un long poème[1], et un verre de vin vaut mieux qu'un sonnet.

Il boit.

SPARK. – Pourquoi ne voyages-tu pas ? va en Italie.

FANTASIO. – J'y ai été.

SPARK. – Eh bien ! est-ce que tu ne trouves pas ce pays-là beau ?

FANTASIO. – Il y a une quantité de mouches grosses comme des hannetons[2] qui vous piquent toute la nuit.

SPARK. – Va en France.

FANTASIO. – Il n'y a pas de bon vin du Rhin à Paris.

SPARK. – Va en Angleterre.

FANTASIO. – J'y suis. Est-ce que les Anglais ont une patrie[3] ? J'aime autant les voir ici que chez eux.

SPARK. – Va donc au diable, alors.

FANTASIO. – Oh ! S'il y avait un diable dans le ciel ! s'il y avait un enfer, comme je me brûlerais la cervelle pour aller voir

---

Vocabulaire et références

1. *Un sonnet vaut mieux qu'un long poème* : variation sur un vers de Boileau dans *Art poétique*, 1674 (« Un sonnet sans défaut vaut seul un long poème »).
2. *Hannetons* : insectes peu visibles le jour.
3. *Est-ce que les Anglais ont une patrie ?* : à l'époque, les Anglais voyageaient beaucoup et avaient la réputation de se sentir bien partout dans le monde.

tout ça ! Quelle misérable chose que l'homme ! ne pas pouvoir seulement sauter par sa fenêtre sans se casser les jambes ! être obligé de jouer du violon dix ans pour devenir un musicien passable ! Apprendre pour être peintre, pour être palefrenier ! Apprendre pour faire une omelette ! Tiens, Spark, il me prend des envies de m'asseoir sur un parapet, de regarder couler la rivière, et de me mettre à compter un, deux, trois, quatre, cinq, six, sept, et ainsi de suite jusqu'au jour de ma mort.

SPARK. – Ce que tu dis là ferait rire bien des gens ; moi, cela me fait frémir : c'est l'histoire du siècle entier. L'éternité est une grande aire, d'où tous les siècles, comme de jeunes aiglons, se sont envolés tour à tour pour traverser le ciel et disparaître ; le nôtre est arrivé à son tour au bord du nid ; mais on lui a coupé les ailes, et il attend la mort en regardant l'espace dans lequel il ne peut s'élancer.

FANTASIO, *chantant.*

Tu m'appelles ta vie, appelle-moi ton âme,
Car l'âme est immortelle, et la vie est un jour.

Connais-tu une plus divine romance que celle-là, Spark ? C'est une romance portugaise[1]. Elle ne m'est jamais venue à l'esprit sans me donner envie d'aimer quelqu'un.

SPARK. – Qui, par exemple ?

Référence

1. *Une romance portugaise* : cette chanson a été adaptée par le poète romantique britannique Byron et par la romancière Mme de Staël.

FANTASIO. – Qui ? je n'en sais rien ; quelque belle fille toute ronde comme les femmes de Miéris[1] ; quelque chose de doux comme le vent d'ouest, de pâle comme les rayons de la lune ; quelque chose de pensif comme ces petites servantes d'auberge des tableaux flamands qui donnent le coup de l'étrier à un voyageur à larges bottes, droit comme un piquet sur un grand cheval blanc. Quelle belle chose que le coup de l'étrier[2] ! une jeune femme sur le pas de sa porte, le feu allumé qu'on aperçoit au fond de la chambre, le souper préparé, les enfants endormis ; toute la tranquillité de la vie paisible et contemplative dans un coin du tableau ! et là l'homme encore haletant, mais ferme sur sa selle, ayant fait vingt lieues, en ayant trente à faire ; une gorgée d'eau-de-vie, et adieu. La nuit est profonde là-bas, le temps menaçant, la forêt dangereuse ; la bonne femme le suit des yeux une minute, puis elle laisse tomber, en retournant à son feu, cette sublime aumône du pauvre : Que Dieu le protège !

SPARK. – Si tu étais amoureux, Henri, tu serais le plus heureux des hommes.

FANTASIO. – L'amour n'existe plus, mon cher ami. La religion, sa nourrice, a les mamelles pendantes[3] comme une vieille bourse au fond de laquelle il y a un gros sou. L'amour est

---

Vocabulaire, nom propre et référence

1. *Miéris* : famille de peintres hollandais. Allusion probable à Frans van Mieris (dit Mieris le Vieux, 1635-1681).
2. *Le coup de l'étrier* : dernier verre bu avant de quitter une auberge.
3. *Mamelles pendantes* : nous trouvons une image similaire dans *Nuit de mai* (1835) de Musset : la « sanglante mamelle » du pélican qui, selon la légende, s'ouvrirait les entrailles pour nourrir ses petits. Image du poète qui doit souffrir pour créer.

une hostie[1] qu'il faut briser en deux au pied d'un autel et avaler ensemble dans un baiser ; il n'y a plus d'autel, il n'y a plus d'amour. Vive la nature ! il y a encore du vin.

Il boit.

SPARK. – Tu vas te griser.

FANTASIO. – Je vais me griser, tu l'as dit.

SPARK. – Il est un peu tard pour cela.

FANTASIO. – Qu'appelles-tu tard ? Midi, est-ce tard ? minuit, est-ce de bonne heure ? Où prends-tu la journée ? Restons là, Spark, je t'en prie. Buvons, causons, analysons, déraisonnons, faisons de la politique ; imaginons des combinaisons de gouvernement ; attrapons tous les hannetons qui passent autour de cette chandelle, et mettons-les dans nos poches. Sais-tu que les canons à vapeur[2] sont une belle chose en matière de philanthropie[3] ?

SPARK. – Comment l'entends-tu ?

FANTASIO. – Il y avait une fois un roi qui était très-sage, très-sage, très-heureux, très-heureux…

SPARK. – Après ?

FANTASIO. – La seule chose qui manquait à son bonheur, c'était d'avoir des enfants. Il fit faire des prières publiques dans toutes les mosquées.

SPARK. – À quoi en veux-tu venir ?

Vocabulaire

1. *Hostie* : pain eucharistique de forme ronde, consacré lors de la messe catholique.
2. *Canons à vapeur* : objets inventés par Musset. Trait humoristique, car un canon à eau ne peut pas tuer.
3. *Philanthropie* : amour de l'humanité, bonté.

Fantasio. – Je pense à mes chères *Mille et Une Nuits*. C'est comme cela qu'elles commencent toutes. Tiens, Spark, je suis gris. Il faut que je fasse quelque chose. Tra la, tra la ! Allons, levons-nous ! *(Un enterrement passe.)* Ohé ! braves gens, qui enterrez-vous là ? Ce n'est pas maintenant l'heure d'enterrer proprement.

Les porteurs. – Nous enterrons Saint-Jean.

Fantasio. – Saint-Jean est mort ? le bouffon du roi est mort ? Qui a pris sa place ? le ministre de la justice ?

Les porteurs. – Sa place est vacante, vous pouvez la prendre si vous voulez.

Ils sortent.

Spark. – Voilà une insolence que tu t'es bien attirée. À quoi penses-tu, d'arrêter ces gens ?

Fantasio. – Il n'y a rien là d'insolent. C'est un conseil d'ami que m'a donné cet homme, et que je vais suivre à l'instant.

Spark. – Tu vas te faire bouffon de cour ?

Fantasio. – Cette nuit même, si l'on veut de moi. Puisque je ne puis coucher chez moi, je veux me donner la représentation de cette royale comédie[1] qui se jouera demain, et de la loge du roi lui-même.

Spark. – Comme tu es fin ! On te reconnaîtra, et les laquais te mettront à la porte ; n'es-tu pas filleul de la feue reine[2] ?

Vocabulaire

1. *Royale comédie* : périphrase à connotation péjorative pour qualifier le mariage qui se prépare.
2. *La feue reine* : la reine décédée.

FANTASIO. – Comme tu es bête ! je me mettrai une bosse et une perruque rousse comme la portait Saint-Jean, et personne ne me reconnaîtra, quand j'aurais trois douzaines de parrains à mes trousses. *(Il frappe à une boutique.)* Hé ! brave homme, ouvrez-moi, si vous n'êtes pas sorti, vous, votre femme et vos petits chiens !

UN TAILLEUR, *ouvrant la boutique.* – Que demande Votre Seigneurie ?

FANTASIO. – N'êtes-vous pas tailleur de la cour ?

LE TAILLEUR. – Pour vous servir.

FANTASIO. – Est-ce vous qui habilliez Saint-Jean ?

LE TAILLEUR. – Oui, monsieur.

FANTASIO. – Vous le connaissiez ? Vous savez de quel côté était sa bosse, comment il frisait sa moustache, et quelle perruque il portait ?

LE TAILLEUR. – Hé, hé ! monsieur veut rire.

FANTASIO. – Homme, je ne veux point rire ; entre dans ton arrière-boutique ; et si tu ne veux être empoisonné demain dans ton café au lait, songe à être muet comme la tombe sur tout ce qui va se passer ici.

Il sort avec le tailleur ; Spark les suit.

Scène 3

Une auberge sur la route de Munich.

Entrent LE PRINCE DE MANTOUE *et* MARINONI.

LE PRINCE. – Eh bien, colonel ?

MARINONI. – Altesse ?

LE PRINCE. – Eh bien, Marinoni ?

MARINONI. – Mélancolique, fantasque, d'une joie folle, soumise à son père, aimant beaucoup les pois verts.

LE PRINCE. – Écris cela ; je ne comprends clairement que les écritures moulées en bâtarde[1].

MARINONI, *écrivant.* – Mélanco...

LE PRINCE. – Écris à voix basse ; je rêve à un projet d'importance depuis mon dîner.

MARINONI. – Voilà, Altesse, ce que vous demandez.

LE PRINCE. – C'est bien ; je te nomme mon ami intime ; je ne connais pas dans tout mon royaume de plus belle écriture que la tienne. Assieds-toi à quelque distance. Vous pensez donc, mon ami, que le caractère de la princesse, ma future épouse, vous est secrètement connu ?

MARINONI. – Oui, Altesse ; j'ai parcouru les alentours du palais, et ces tablettes[2] renferment les principaux traits des conversations différentes dans lesquelles je me suis immiscé.

Vocabulaire

1. *Bâtarde* : écriture liée et penchée (compromis entre la ronde et l'anglaise). Agréable à lire.
2. *Tablettes* : feuilles que l'on porte sur soi et attachées ensemble pour prendre des notes.

Le prince, *se mirant.* – Il me semble que je suis poudré[1] comme un homme de la dernière classe.

Marinoni. – L'habit est magnifique.

Le prince. – Que dirais-tu, Marinoni, si tu voyais ton maître revêtir un simple frac olive[2] ?

Marinoni. – Son Altesse se rit de ma crédulité.

Le prince. – Non, colonel. Apprends que ton maître est le plus romanesque des hommes.

Marinoni. – Romanesque, Altesse !

Le prince. – Oui, mon ami (je t'ai accordé ce titre) ; l'important projet que je médite est inouï dans ma famille ; je prétends arriver à la cour du roi mon beau-père dans l'habillement d'un simple aide de camp[3] ; ce n'est pas assez d'avoir envoyé un homme de ma maison recueillir les bruits sur la future princesse de Mantoue (et cet homme, Marinoni, c'est toi-même), je veux encore observer par mes yeux.

Marinoni. – Est-il vrai, Altesse ?

Le prince. – Ne reste pas pétrifié. Un homme tel que moi ne doit avoir pour ami intime qu'un esprit vaste et entreprenant.

Marinoni. – Une seule chose me paraît s'opposer au dessein de Votre Altesse.

Vocabulaire

1. *Je suis poudré* : à l'époque, les perruques étaient poudrées.
2. *Frac olive* : habit de cérémonie, généralement noir, serré à la taille. Ici, de couleur verte tirant sur le brun.
3. *Aide de camp* : officier au service d'un supérieur.

LE PRINCE. – Laquelle ?

MARINONI. – L'idée d'un tel travestissement ne pouvait appartenir qu'au prince glorieux qui nous gouverne. Mais si mon gracieux souverain est confondu parmi l'état-major, à qui le roi de Bavière fera-t-il les honneurs d'un festin splendide qui doit avoir lieu dans la galerie ?

LE PRINCE. – Tu as raison ; si je me déguise, il faut que quelqu'un prenne ma place. Cela est impossible, Marinoni ; je n'avais pas pensé à cela.

MARINONI. – Pourquoi impossible, Altesse ?

LE PRINCE. – Je puis bien abaisser la dignité princière jusqu'au grade de colonel ; mais comment peux-tu croire que je consentirais à élever jusqu'à mon rang un homme quelconque ? Penses-tu d'ailleurs que mon futur beau-père me le pardonnerait ?

MARINONI. – Le roi passe pour un homme de beaucoup de sens et d'esprit, avec une humeur agréable.

LE PRINCE. – Ah ! ce n'est pas sans peine que je renonce à mon projet. Pénétrer dans cette cour nouvelle sans faste et sans bruit, observer tout, approcher de la princesse sous un faux nom, et peut-être m'en faire aimer ! – Oh ! je m'égare ; cela est impossible. Marinoni, mon ami, essaye mon habit de cérémonie ; je ne saurais y résister.

MARINONI, *s'inclinant.* – Altesse !

LE PRINCE. – Penses-tu que les siècles futurs oublieront une pareille circonstance ?

MARINONI. – Jamais, gracieux prince.

LE PRINCE. – Viens essayer mon habit.

Ils sortent.

Acte II

Scène 1

Le jardin du roi de Bavière.

Entrent ELSBETH *et sa* GOUVERNANTE.

LA GOUVERNANTE. – Mes pauvres yeux en ont pleuré, pleuré un torrent du ciel.

ELSBETH. – Tu es si bonne ! Moi aussi j'aimais Saint-Jean ; il avait tant d'esprit ! Ce n'était point un bouffon ordinaire.

LA GOUVERNANTE. – Dire que le pauvre homme est allé là-haut la veille de vos fiançailles ! Lui qui ne parlait que de vous à dîner et à souper, tant que le jour durait. Un garçon si gai, si amusant, qu'il faisait aimer la laideur, et que les yeux le cherchaient toujours en dépit d'eux-mêmes !

ELSBETH. – Ne me parle pas de mon mariage ; c'est encore là un plus grand malheur.

LA GOUVERNANTE. – Ne savez-vous pas que le prince de Mantoue arrive aujourd'hui ? On dit que c'est un Amadis[1].

ELSBETH. – Que dis-tu là, ma chère ! Il est horrible et idiot, tout le monde le sait déjà ici.

Nom propre

1. *Amadis* : héros d'un roman de chevalerie de l'écrivain espagnol Garci Rodríguez de Montalvo (*Amadis de Gaule*, 1508). Doté de qualités physiques et morales, Amadis est le symbole de l'amour chevaleresque inaltérable.

La gouvernante. – En vérité ? on m'avait dit que c'était un Amadis.

Elsbeth. – Je ne demandais pas un Amadis, ma chère ; mais cela est cruel, quelquefois, de n'être qu'une fille de roi. Mon père est le meilleur des hommes ; le mariage qu'il prépare assure la paix de son royaume ; il recevra en récompense la bénédiction d'un peuple ; mais moi, hélas ! j'aurai la sienne, et rien de plus.

La gouvernante. – Comme vous parlez tristement !

Elsbeth. – Si je refusais le prince, la guerre serait bientôt recommencée ; quel malheur que ces traités de paix se signent toujours avec des larmes ! Je voudrais être une forte tête[1], et me résigner à épouser le premier venu, quand cela est nécessaire en politique. Être la mère d'un peuple, cela console les grands cœurs, mais non les têtes faibles. Je ne suis qu'une pauvre rêveuse ; peut-être la faute en est-elle à tes romans, tu en as toujours dans tes poches

La gouvernante. – Seigneur ! n'en dites rien.

Elsbeth. – J'ai peu connu la vie, et j'ai beaucoup rêvé.

La gouvernante. – Si le prince de Mantoue est tel que vous le dites, Dieu ne laissera pas cette affaire-là s'arranger, j'en suis sûre.

Elsbeth. – Tu crois ! Dieu laisse faire les hommes, ma pauvre amie, et il ne fait guère plus de cas de nos plaintes que du bêlement d'un mouton.

Vocabulaire

1. *Forte tête* : ici, personne qui a le sens du devoir. Elsbeth fait preuve d'énergie morale puisqu'elle écoute sa raison et non son cœur.

LA GOUVERNANTE. – Je suis sûre que si vous refusiez le prince, votre père ne vous forcerait pas.

ELSBETH. – Non, certainement, il ne me forcerait pas ; et c'est pour cela que je me sacrifie. Veux-tu que j'aille dire à mon père d'oublier sa parole, et de rayer d'un trait de plume son nom respectable sur un contrat qui fait des milliers d'heureux ? Qu'importe qu'il fasse une malheureuse ? Je laisse mon bon père être un bon roi.

LA GOUVERNANTE. – Hi ! hi !

Elle pleure.

ELSBETH. – Ne pleure pas sur moi, ma bonne ; tu me ferais peut-être pleurer moi-même, et il ne faut pas qu'une royale fiancée ait les yeux rouges. Ne t'afflige pas de tout cela. Après tout, je serai une reine, c'est peut-être amusant ; je prendrai peut-être goût à mes parures, que sais-je ? à mes carrosses, à ma nouvelle cour ; heureusement qu'il y a pour une princesse autre chose dans le mariage qu'un mari. Je trouverai peut-être le bonheur au fond de ma corbeille de noces[1].

LA GOUVERNANTE. – Vous êtes un vrai agneau pascal[2].

ELSBETH. – Tiens, ma chère, commençons toujours par en rire, quitte à en pleurer quand il en sera temps. On dit que le prince de Mantoue est la plus ridicule chose du monde.

Vocabulaire

1. *Ma corbeille de noces* : cadeaux placés dans une corbeille envoyés par le fiancé à sa promise (tradition qui remonte au XVIIIe siècle).
2. *Agneau pascal* : dans la tradition juive, pour commémorer l'Exode et célébrer la Pâque, un agneau est immolé. Par extension, personne qui s'offre en sacrifice.

La gouvernante. – Si Saint-Jean était là !

Elsbeth. – Ah Saint-Jean, Saint-Jean !

La gouvernante. – Vous l'aimiez beaucoup, mon enfant.

Elsbeth. – Cela est singulier : son esprit m'attachait à lui avec des fils imperceptibles qui semblaient venir de mon cœur ; sa perpétuelle moquerie de mes idées romanesques me plaisait à l'excès, tandis que je ne puis supporter qu'avec peine bien des gens qui abondent dans mon sens ; je ne sais ce qu'il y avait autour de lui, dans ses yeux, dans ses gestes, dans la manière dont il prenait son tabac[1]. C'était un homme bizarre ; tandis qu'il me parlait, il me passait devant les yeux des tableaux délicieux ; sa parole donnait la vie, comme par enchantement, aux choses les plus étranges.

La gouvernante. – C'était un vrai Triboulet[2].

Elsbeth. – Je n'en sais rien ; mais c'était un diamant d'esprit.

La gouvernante. – Voilà des pages[3] qui vont et viennent ; je crois que le prince ne va pas tarder à se montrer ; il faudrait retourner au palais pour vous habiller.

Elsbeth. – Je t'en supplie, laisse-moi un quart d'heure encore ; va préparer ce qu'il me faut. Hélas ! ma chère, je n'ai plus longtemps à rêver.

Vocabulaire et nom propre

1. *Son tabac* : ici, son tabac à priser (fine poudre inhalée).
2. *Triboulet* : (1479-1536) fou des rois Louis XII et François Ier. Bouffon pathétique du drame romantique *Le roi s'amuse* de Victor Hugo (1832).
3. *Pages* : jeunes nobles au service d'un roi, d'une reine, d'un seigneur.

La gouvernante. – Seigneur, est-il possible que ce mariage se fasse, s'il vous déplaît ? Un père sacrifier sa fille ! le roi serait un véritable Jephté[1], s'il le faisait.

Elsbeth. – Ne dis pas de mal de mon père ; va, ma chère, prépare ce qu'il me faut.

La gouvernante sort.

Elsbeth, *seule.* – Il me semble qu'il y a quelqu'un derrière ces bosquets. Est-ce le fantôme de mon pauvre bouffon que j'aperçois dans ces bluets[2], assis sur la prairie ? Répondez-moi ; qui êtes-vous ? que faites-vous là, à cueillir ces fleurs ?

Elle s'avance vers un tertre.

Fantasio, *assis, vêtu en bouffon, avec une bosse et une perruque.* – Je suis un brave cueilleur de fleurs, qui souhaite le bonjour à vos beaux yeux.

Elsbeth. – Que signifie cet accoutrement ? qui êtes-vous pour venir parodier sous cette large perruque un homme que j'ai aimé ? Êtes-vous écolier[3] en bouffonnerie ?

Fantasio. – Plaise à Votre Altesse Sérénissime, je suis le nouveau bouffon du roi ; le majordome m'a reçu favorablement ; je suis présenté au valet de chambre ; les marmitons[4] me protègent depuis hier au soir, et je cueille modestement des fleurs en attendant qu'il me vienne de l'esprit.

Vocabulaire et nom propre

1. *Jephté* : juge d'Israël qui avait promis à Dieu, s'il remportait une victoire militaire, de sacrifier la première personne qu'il verrait sortir de sa maison à son retour. Ce fut sa fille unique. Elle accepta d'être sacrifiée (deux versions coexistent : elle fut tuée ou consacrée comme vierge).
2. *Bluets* : (ou bleuets) plantes communes à fleurs bleues.
3. *Écolier* : ici, personne qui s'instruit dans une profession ou dans un art.
4. *Marmitons* : apprentis cuisiniers.

Elsbeth. – Cela me paraît douteux, que vous cueilliez jamais cette fleur-là.

Fantasio. – Pourquoi ? l'esprit peut venir à un homme vieux, tout comme à une jeune fille. Cela est si difficile quelquefois de distinguer un trait spirituel d'une grosse sottise ! Beaucoup parler, voilà l'important ; le plus mauvais tireur de pistolet peut attraper la mouche[1], s'il tire sept cent quatre-vingts coups à la minute, tout aussi bien que le plus habile homme qui n'en tire qu'un ou deux bien ajustés. Je ne demande qu'à être nourri convenablement pour la grosseur de mon ventre, et je regarderai mon ombre au soleil pour voir si ma perruque pousse.

Elsbeth. – En sorte que vous voilà revêtu des dépouilles de Saint-Jean[2] ? Vous avez raison de parler de votre ombre ; tant que vous aurez ce costume, elle lui ressemblera toujours, je crois, plus que vous.

Fantasio. – Je fais en ce moment une élégie[3] qui décidera de mon sort.

Elsbeth. – En quelle façon ?

Fantasio. – Elle prouvera clairement que je suis le premier homme du monde, ou bien elle ne vaudra rien du tout. Je suis en train de bouleverser l'univers pour le mettre en acrostiche[4] ; la lune, le soleil et les étoiles se battent pour

---

Vocabulaire

1. *La mouche* : point noir au centre de la cible.
2. *Les dépouilles de Saint-Jean* : ici, les mêmes attributs que ceux de Saint-Jean (cf. l. 386-388, p. 29).
3. *Élégie* : poème lyrique qui exprime la plainte, la mélancolie.
4. *Acrostiche* : poème dont les premières lettres de chaque vers, lues verticalement, forment un mot (généralement le prénom d'un ou d'une dédicataire).

entrer dans mes rimes, comme des écoliers à la porte d'un théâtre de mélodrames[1].

ELSBETH. – Pauvre homme ! quel métier tu entreprends ! faire de l'esprit à tant par heure ! N'as-tu ni bras ni jambes, et ne ferais-tu pas mieux de labourer la terre que ta propre cervelle ?

FANTASIO. – Pauvre petite ! quel métier vous entreprenez ! épouser un sot que vous n'avez jamais vu ! – N'avez-vous ni cœur ni tête, et ne feriez-vous pas mieux de vendre vos robes que votre corps ?

ELSBETH. – Voilà qui est hardi, monsieur le nouveau venu !

FANTASIO. – Comment appelez-vous cette fleur-là, s'il vous plaît ?

ELSBETH. – Une tulipe. Que veux-tu prouver ?

FANTASIO. – Une tulipe rouge, ou une tulipe bleue ?

ELSBETH. – Bleue, à ce qu'il me semble.

FANTASIO. – Point du tout, c'est une tulipe rouge.

ELSBETH. – Veux-tu mettre un habit neuf à une vieille sentence[2] ? tu n'en as pas besoin pour dire que des goûts et des couleurs il n'en faut pas disputer[3].

FANTASIO. – Je ne dispute pas ; je vous dis que cette tulipe est une tulipe rouge, et cependant je conviens qu'elle est bleue.

Vocabulaire

1. *Mélodrames* : le mélodrame est un genre théâtral populaire (créé à la fin du XVIIIe siècle) à grand spectacle, caractérisé par des situations invraisemblables (nombreux coups de théâtre) propres à susciter l'émotion.
2. *Sentence* : courte phrase souvent à visée morale.
3. *Des goûts et des couleurs il n'en faut pas disputer* : les goûts et les couleurs ne se discutent pas.

ELSBETH. – Comment arranges-tu cela ?

FANTASIO. – Comme votre contrat de mariage. Qui peut savoir sous le soleil s'il est né bleu ou rouge ? Les tulipes elles-mêmes n'en savent rien. Les jardiniers et les notaires font des greffes si extraordinaires, que les pommes deviennent des citrouilles, et que les chardons sortent de la mâchoire de l'âne pour s'inonder de sauce dans le plat d'argent d'un évêque. Cette tulipe que voilà s'attendait bien à être rouge ; mais on l'a mariée[1] ; elle est tout étonnée d'être bleue ; c'est ainsi que le monde entier se métamorphose sous les mains de l'homme ; et la pauvre dame nature doit se rire parfois au nez de bon cœur, quand elle mire[2] dans ses lacs et dans ses mers son éternelle mascarade. Croyez-vous que ça sentît la rose dans le paradis de Moïse[3] ? ça ne sentait que le foin vert[4]. La rose est fille de la civilisation ; c'est une marquise comme vous et moi.

ELSBETH. – La pâle fleur de l'aubépine peut devenir une rose, et un chardon peut devenir un artichaut ; mais une fleur ne peut en devenir une autre : ainsi qu'importe à la nature ? on ne la change pas, on l'embellit ou on la tue. La plus chétive violette mourrait plutôt que de céder si l'on voulait, par des moyens artificiels, altérer sa forme d'une étamine[5].

Vocabulaire et références

1. *On l'a mariée* : on l'a greffée.
2. *Elle mire* : elle regarde attentivement son reflet.
3. *Le paradis de Moïse* : référence au paradis terrestre décrit dans la Genèse qui aurait été rédigée par Moïse (dans la tradition biblique, prophète et chef du peuple hébreu).
4. *Ça ne sentait que le foin vert* : ça sentait mauvais. Expression ironique en lien avec « ça sentît la rose » (l. 160). Musset rejoint ici Voltaire qui avait dénigré l'état de nature (le paradis terrestre) dans son poème *Le Mondain* (1736).
5. *Étamine* : organe mâle de la fleur qui produit le pollen.

FANTASIO. – C'est pourquoi je fais plus de cas d'une violette que d'une fille de roi.

ELSBETH. – Il y a de certaines choses que les bouffons eux-mêmes n'ont pas le droit de railler[1] ; fais-y attention. Si tu as écouté ma conversation avec ma gouvernante, prends garde à tes oreilles.

FANTASIO. – Non pas à mes oreilles, mais à ma langue. Vous vous trompez de sens ; il y a une erreur de sens dans vos paroles.

ELSBETH. – Ne me fais pas de calembour, si tu veux gagner ton argent, et ne me compare pas à des tulipes, si tu ne veux gagner autre chose.

FANTASIO. – Qui sait ? Un calembour console de bien des chagrins ; et jouer avec les mots est un moyen comme un autre de jouer avec les pensées, les actions et les êtres. Tout est calembour ici-bas, et il est aussi difficile de comprendre le regard d'un enfant de quatre ans que le galimatias[2] de trois drames modernes[3].

ELSBETH. – Tu me fais l'effet de regarder le monde à travers un prisme[4] tant soit peu changeant.

FANTASIO. – Chacun a ses lunettes ; mais personne ne sait au juste de quelle couleur en sont les verres. Qui est-ce qui

---

Vocabulaire et référence

1. *Railler* : tourner en ridicule.
2. *Galimatias* : discours confus dépourvu de signification.
3. *Drames modernes* : ici, satire de la production théâtrale de son temps. Le drame est un genre littéraire né avec le romantisme. Musset attaque ici les drames de Victor Hugo ou d'Alexandre Dumas.
4. *Un prisme* : instrument d'optique qui dévie et décompose la lumière. L'image est déformée.

pourra me dire au juste si je suis heureux ou malheureux, bon ou mauvais, triste ou gai, bête ou spirituel ?

ELSBETH. – Tu es laid, du moins ; cela est certain.

FANTASIO. – Pas plus certain que votre beauté. Voilà votre père qui vient avec votre futur mari. Qui est-ce qui peut savoir si vous l'épouserez ?

Il sort.

ELSBETH. – Puisque je ne puis éviter la rencontre du prince de Mantoue, je ferai aussi bien d'aller au-devant de lui.

Entrent le roi, Marinoni sous le costume de prince, et le prince vêtu en aide de camp.

LE ROI. – Prince, voici ma fille. Pardonnez-lui cette toilette de jardinière ; vous êtes ici chez un bourgeois qui en gouverne d'autres[1], et notre étiquette[2] est aussi indulgente pour nous-mêmes que pour eux.

MARINONI. – Permettez-moi de baiser cette main charmante, madame, si ce n'est pas une trop grande faveur pour mes lèvres.

LA PRINCESSE. – Votre Altesse m'excusera si je rentre au palais. Je la verrai, je pense, d'une manière plus convenable à la présentation de ce soir.

Elle sort.

LE PRINCE. – La princesse a raison ; voilà une divine pudeur.

Vocabulaire et référence

1. *Un bourgeois qui en gouverne d'autres* : allusion au régime de la Monarchie de Juillet (1830-1848). Le roi Louis-Philippe était surnommé le « roi bourgeois ».
2. *Étiquette* : ensemble de règles strictes qui organisent la vie à la cour.

Le roi, *à Marinoni.* – Quel est donc cet aide de camp qui vous suit comme votre ombre ? Il m'est insupportable de l'entendre ajouter une remarque inepte à tout ce que nous disons. Renvoyez-le, je vous en prie.

Marinoni parle bas au prince.

Le prince, *de même.* – C'est fort adroit de ta part de lui avoir persuadé de m'éloigner ; je vais tâcher de joindre la princesse et de lui toucher quelques mots délicats sans faire semblant de rien.

Il sort.

Le roi. – Cet aide de camp est un imbécile, mon ami ; que pouvez-vous faire de cet homme-là ?

Marinoni. – Hum ! hum ! Poussons quelques pas plus avant, si Votre Majesté le permet ; je crois apercevoir un kiosque tout à fait charmant dans ce bocage[1].

Ils sortent.

Scène 2

Une autre partie du jardin.

Le prince, *entrant.* – Mon déguisement me réussit à merveille ; j'observe, et je me fais aimer. Jusqu'ici tout va au gré de mes souhaits ; le père me paraît un grand roi, quoique trop sans façon, et je m'étonnerais si je ne lui avais plu tout d'abord. J'aperçois la princesse qui rentre au palais ; le hasard me

---

Vocabulaire

1. *Bocage* : petit bois, lieu ombragé.

favorise singulièrement. *(Elsbeth entre ; le prince l'aborde.)* Altesse, permettez à un fidèle serviteur de votre futur époux de vous offrir les félicitations sincères que son cœur humble et dévoué ne peut contenir en vous voyant. Heureux les grands de la terre ! ils peuvent vous épouser, moi je ne le puis pas ; cela m'est tout à fait impossible ; je suis d'une naissance obscure ; je n'ai pour tout bien qu'un nom redoutable à l'ennemi ; un cœur pur et sans tache bat sous ce modeste uniforme ; je suis un pauvre soldat criblé de balles des pieds à la tête ; je n'ai pas un ducat[1] ; je suis solitaire et exilé de ma terre natale comme de ma patrie céleste, c'est-à-dire du paradis de mes rêves ; je n'ai pas un cœur de femme à presser sur mon cœur ; je suis maudit et silencieux[2].

ELSBETH. – Que me voulez-vous, mon cher monsieur ? Êtes-vous fou, ou demandez-vous l'aumône ?

LE PRINCE. – Qu'il serait difficile de trouver des paroles pour exprimer ce que j'éprouve ! Je vous ai vue passer toute seule dans cette allée ; j'ai cru qu'il était de mon devoir de me jeter à vos pieds, et de vous offrir ma compagnie jusqu'à la poterne[3].

ELSBETH. – Je vous suis obligée[4] ; rendez-moi le service de me laisser tranquille.

Elle sort.

Vocabulaire et référence

1. *Ducat* : monnaie d'or à l'effigie d'un duc (en Allemagne et en Italie).
2. *Je suis maudit et silencieux* : parodie des tirades des héros des drames romantiques.
3. *Poterne* : porte dérobée donnant à l'extérieur du château.
4. *Je vous suis obligée* : ici, formule de refus poli mais ferme.

LE PRINCE, *seul.* – Aurais-je eu tort de l'aborder ? Il le fallait cependant, puisque j'ai le projet de la séduire sous mon habit supposé. Oui, j'ai bien fait de l'aborder. Cependant, elle m'a répondu d'une manière désagréable. Je n'aurais peut-être pas dû lui parler si vivement. Il le fallait pourtant bien, puisque mon mariage est presque assuré, et que je suis censé devoir supplanter[1] Marinoni, qui me remplace. J'ai eu raison de lui parler vivement. Mais la réponse est désagréable. Aurait-elle un cœur dur et faux ? Il serait bon de sonder adroitement la chose.

Il sort.

Scène 3

Une antichambre.

FANTASIO, *couché sur un tapis.*

FANTASIO. – Quel métier délicieux que celui de bouffon ! J'étais gris, je crois, hier soir, lorsque j'ai pris ce costume et que je me suis présenté au palais ; mais, en vérité, jamais la saine raison ne m'a rien inspiré qui valût cet acte de folie. J'arrive, et me voilà reçu, choyé, enregistré, et ce qu'il y a de mieux encore, oublié. Je vais et viens dans ce palais comme si je l'avais habité toute ma vie. Tout à l'heure, j'ai rencontré le roi ; il n'a pas même eu la curiosité de me regarder ; son

---

Vocabulaire

1. *Supplanter* : prendre la place de.

bouffon étant mort, on lui a dit : « Sire, en voilà un autre. » C'est admirable ! Dieu merci, voilà ma cervelle à l'aise, je puis faire toutes les balivernes[1] possibles sans qu'on me dise rien pour m'en empêcher ; je suis un des animaux domestiques du roi de Bavière, et si je veux, tant que je garderai ma bosse et ma perruque, on me laissera vivre jusqu'à ma mort entre un épagneul et une pintade. En attendant, mes créanciers peuvent se casser le nez contre ma porte tout à leur aise. Je suis aussi bien en sûreté ici sous cette perruque, que dans les Indes occidentales[2].

N'est-ce pas la princesse que j'aperçois dans la chambre voisine, à travers cette glace[3] ? Elle rajuste son voile de noces ; deux longues larmes coulent sur ses joues ; en voilà une qui se détache comme une perle et qui tombe sur sa poitrine. Pauvre petite ! j'ai entendu ce matin sa conversation avec sa gouvernante ; en vérité, c'était par hasard ; j'étais assis sur le gazon, sans autre dessein que celui de dormir. Maintenant la voilà qui pleure et qui ne se doute guère que je la vois encore. Ah ! si j'étais un écolier de rhétorique[4], comme je réfléchirais profondément sur cette misère couronnée, sur cette pauvre brebis à qui on met un ruban rose au cou pour la mener à la boucherie ! Cette petite fille est sans doute romanesque ; il lui est cruel d'épouser un homme

---

Vocabulaire et nom propre

1. *Balivernes* : paroles sans intérêt.
2. *Indes occidentales* : nom donné d'abord à l'Amérique ; aussi, les Antilles. Ici, référence à un espace exotique et lointain qui s'oppose à la Bavière.
3. *À travers cette glace* : glace sans tain qui permet de voir une personne sans être vu.
4. *Écolier de rhétorique* : ici, celui qui étudie l'art oratoire.

qu'elle ne connaît pas. Cependant elle se sacrifie en silence. Que le hasard est capricieux ! il faut que je me grise, que je rencontre l'enterrement de Saint-Jean, que je prenne son costume et sa place, que je fasse enfin la plus grande folie de la terre, pour venir voir tomber, à travers cette glace, les deux seules larmes que cette enfant versera peut-être sur son triste voile de fiancée !

Il sort.

Scène 4

Une allée du jardin.

LE PRINCE, MARINONI

LE PRINCE. – Tu n'es qu'un sot, colonel.

MARINONI. – Votre Altesse se trompe sur mon compte de la manière la plus pénible.

LE PRINCE. – Tu es un maître butor[1]. Ne pouvais-tu pas empêcher cela ? Je te confie le plus grand projet qui se soit enfanté depuis une suite d'années incalculable, et toi, mon meilleur ami, mon plus fidèle serviteur, tu entasses bêtises sur bêtises. Non, non, tu as beau dire, cela n'est point pardonnable.

MARINONI. – Comment pouvais-je empêcher Votre Altesse de s'attirer les désagréments qui sont la suite nécessaire du rôle supposé qu'elle joue ? Vous m'ordonnez de prendre votre nom et de me comporter en véritable prince de Mantoue.

Vocabulaire

1. *Butor* : oiseau de proie dressé pour la chasse. Ici, individu grossier, sans éducation.

Puis-je empêcher le roi de Bavière de faire un affront à mon aide de camp ? Vous aviez tort de vous mêler de nos affaires.

LE PRINCE. – Je voudrais bien qu'un maraud[1] comme toi se mêlât de me donner des ordres.

MARINONI. – Considérez, Altesse, qu'il faut cependant que je sois le prince ou que je sois l'aide de camp. C'est par votre ordre que j'agis.

LE PRINCE. – Me dire que je suis un impertinent en présence de toute la cour, parce que j'ai voulu baiser la main de la princesse ! Je suis prêt à lui déclarer la guerre, et à retourner dans mes États pour me mettre à la tête de mes armées.

MARINONI. – Songez donc, Altesse, que ce mauvais compliment s'adressait à l'aide de camp et non au prince. Prétendez-vous qu'on vous respecte sous ce déguisement ?

LE PRINCE. – Il suffit. Rends-moi mon habit.

MARINONI, *ôtant l'habit*. – Si mon souverain l'exige, je suis prêt à mourir pour lui.

LE PRINCE. – En vérité, je ne sais que résoudre. D'un côté, je suis furieux de ce qui m'arrive ; et d'un autre, je suis désolé de renoncer à mon projet. La princesse ne paraît pas répondre indifféremment aux mots à double entente dont je ne cesse de la poursuivre. Déjà je suis parvenu deux ou trois fois à lui dire à l'oreille des choses incroyables. Viens, réfléchissons à tout cela.

Vocabulaire

1. *Maraud* : vaurien (terme utilisé au XVIIe siècle).

MARINONI, *tenant l'habit.* – Que ferai-je, Altesse ?

LE PRINCE. – Remets-le, remets-le, et rentrons au palais.

Ils sortent.

Scène 5

LA PRINCESSE ELSBETH, LE ROI

LE ROI. – Ma fille, il faut répondre franchement à ce que je vous demande : ce mariage vous déplaît-il ?

ELSBETH. – C'est à vous, Sire, de répondre vous-même. Il me plaît, s'il vous plaît ; il me déplaît, s'il vous déplaît.

LE ROI. – Le prince m'a paru être un homme ordinaire, dont il est difficile de rien dire[1]. La sottise de son aide de camp lui fait seule tort dans mon esprit ; quant à lui, c'est peut-être un bon prince, mais ce n'est pas un homme élevé[2]. Il n'y a rien en lui qui me repousse ou qui m'attire. Que puis-je te dire là-dessus ? Le cœur des femmes a des secrets que je ne puis connaître ; elles se font des héros parfois si étranges, elles saisissent si singulièrement un ou deux côtés d'un homme qu'on leur présente, qu'il est impossible de juger pour elles, tant qu'on n'est pas guidé par quelque point tout à fait sensible. Dis-moi donc clairement ce que tu penses de ton fiancé.

ELSBETH. – Je pense qu'il est prince de Mantoue, et que la guerre recommencera demain entre lui et vous, si je ne l'épouse pas.

Vocabulaire

1. *Dont il est difficile de rien dire* : sur lequel il n'y a rien à dire ; banal.
2. *Un homme élevé* : un homme dont l'intelligence est au-dessus de l'ordinaire.

LE ROI. – Cela est certain, mon enfant.

ELSBETH. – Je pense donc que je l'épouserai, et que la guerre sera finie.

LE ROI. – Que les bénédictions de mon peuple te rendent grâces pour ton père ! Ô ma fille chérie ! je serai heureux de cette alliance ; mais je ne voudrais pas voir dans ces beaux yeux bleus cette tristesse qui dément leur résignation. Réfléchis encore quelques jours.

Il sort. Entre Fantasio.

ELSBETH. – Te voilà, pauvre garçon ? comment te plais-tu ici ?

FANTASIO. – Comme un oiseau en liberté.

ELSBETH. – Tu aurais mieux répondu, si tu avais dit comme un oiseau en cage. Ce palais en est une assez belle ; cependant c'en est une.

FANTASIO. – La dimension d'un palais ou d'une chambre ne fait pas l'homme plus ou moins libre. Le corps se remue où il peut ; l'imagination ouvre quelquefois des ailes grandes comme le ciel dans un cachot grand comme la main.

ELSBETH. – Ainsi donc, tu es un heureux fou ?

FANTASIO. – Très heureux. Je fais la conversation avec les petits chiens et les marmitons. Il y a un roquet[1] pas plus haut que cela dans la cuisine, qui m'a dit des choses charmantes.

ELSBETH. – En quel langage ?

Vocabulaire

1. *Roquet* : chien hargneux qui aboie pour un rien.

Fantasio. – Dans le style le plus pur. Il ne ferait pas une seule faute de grammaire dans l'espace d'une année.

Elsbeth. – Pourrai-je entendre quelques mots de ce style ?

Fantasio. – En vérité, je ne le voudrais pas ; c'est une langue qui est particulière. Il n'y a pas que les roquets qui la parlent ; les arbres et les grains de blé eux-mêmes la savent aussi ; mais les filles de roi ne la savent pas. À quand votre noce ?

Elsbeth. – Dans quelques jours tout sera fini.

Fantasio. – C'est-à-dire tout sera commencé. Je compte vous offrir un présent de ma main.

Elsbeth. – Quel présent ? Je suis curieuse de cela.

Fantasio. – Je compte vous offrir un joli petit serin[1] empaillé, qui chante comme un rossignol.

Elsbeth. – Comment peut-il chanter, s'il est empaillé ?

Fantasio. – Il chante parfaitement.

Elsbeth. – En vérité, tu te moques de moi avec un rare acharnement.

Fantasio. – Point du tout. Mon serin a une petite serinette[2] dans le ventre. On pousse tout doucement un petit ressort sous la patte gauche, et il chante tous les opéras nouveaux, exactement comme mademoiselle Grisi[3].

Elsbeth. – C'est une invention de ton esprit, sans doute ?

Vocabulaire et nom propre

1. *Serin* : oiseau à plumage jaune ou vert dont le chant est agréable.
2. *Serinette* : petit instrument de musique semblable à un orgue et destiné à apprendre des mélodies à des oiseaux siffleurs.
3. *Mademoiselle Grisi* : Giulia Grisi, célèbre cantatrice italienne (1811-1869).

Fantasio. – En aucune façon. C'est un serin de cour ; il y a beaucoup de petites filles très bien élevées qui n'ont pas d'autres procédés que celui-là. Elles ont un petit ressort sous le bras gauche, un joli petit ressort en diamant fin, comme la montre d'un petit-maître[1]. Le gouverneur ou la gouvernante fait jouer le ressort, et vous voyez aussitôt les lèvres s'ouvrir avec le sourire le plus gracieux ; une charmante cascatelle[2] de paroles mielleuses sort avec le plus doux murmure, et toutes les convenances sociales, pareilles à des nymphes légères, se mettent aussitôt à dansoter sur la pointe du pied autour de la fontaine merveilleuse. Le prétendu ouvre des yeux ébahis ; l'assistance chuchote avec indulgence, et le père, rempli d'un secret contentement, regarde avec orgueil les boucles d'or de ses souliers.

Elsbeth. – Tu parais revenir volontiers sur de certains sujets. Dis-moi, bouffon, que t'ont donc fait ces pauvres jeunes filles, pour que tu en fasses si gaiement la satire ? Le respect d'aucun devoir ne peut-il trouver grâce devant toi ?

Fantasio. – Je respecte fort la laideur ; c'est pourquoi je me respecte moi-même si profondément.

Elsbeth. – Tu parais quelquefois en savoir plus que tu n'en dis. D'où viens-tu donc, et qui es-tu, pour que, depuis un jour que tu es ici, tu saches déjà pénétrer des mystères que les princes eux-mêmes ne soupçonneront jamais ? Est-ce à moi que s'adressent tes folies, ou est-ce au hasard que tu parles ?

Vocabulaire

1. *Petit-maître* : terme utilisé au XVIIIe siècle pour désigner un jeune homme coquet.
2. *Cascatelle* : petite cascade (littéraire).

FANTASIO. – C'est au hasard, je parle beaucoup au hasard : c'est mon plus cher confident.

ELSBETH. – Il semble en effet t'avoir appris ce que tu ne devrais pas connaître. Je croirais volontiers que tu épies mes actions et mes paroles.

FANTASIO. – Dieu le sait. Que vous importe ?

ELSBETH. – Plus que tu ne peux penser. Tantôt dans cette chambre, pendant que je mettais mon voile, j'ai entendu marcher tout à coup derrière la tapisserie. Je me trompe fort si ce n'était toi qui marchais.

FANTASIO. – Soyez sûre que cela reste entre votre mouchoir et moi. Je ne suis pas plus indiscret que je ne suis curieux. Quel plaisir pourraient me faire vos chagrins ? quel chagrin pourraient me faire vos plaisirs ? Vous êtes ceci, et moi cela. Vous êtes jeune, et moi je suis vieux ; belle, et je suis laid ; riche, et je suis pauvre. Vous voyez bien qu'il n'y a aucun rapport entre nous. Que vous importe que le hasard ait croisé sur sa grande route deux roues qui ne suivent pas la même ornière[1], et qui ne peuvent marquer sur la même poussière ? Est-ce ma faute s'il m'est tombé, tandis que je dormais, une de vos larmes sur la joue ?

ELSBETH. – Tu me parles sous la forme d'un homme que j'ai aimé, voilà pourquoi je t'écoute malgré moi. Mes yeux croient voir Saint-Jean ; mais peut-être n'es-tu qu'un espion.

Vocabulaire

1. *Ornière* : trace profonde laissée par les roues sur un chemin.

Fantasio. – À quoi cela me servirait-il ? Quand il serait vrai que votre mariage vous coûterait quelques larmes, et quand je l'aurais appris par hasard, qu'est-ce que je gagnerais à l'aller raconter ? On ne me donnerait pas une pistole[1] pour cela, et on ne vous mettrait pas au cabinet noir. Je comprends très bien qu'il doit être assez ennuyeux d'épouser le prince de Mantoue. Mais après tout, ce n'est pas moi qui en suis chargé. Demain ou après-demain vous serez partie pour Mantoue avec votre robe de noce, et moi je serai encore sur ce tabouret avec mes vieilles chausses[2]. Pourquoi voulez-vous que je vous en veuille ? Je n'ai pas de raison pour désirer votre mort ; vous ne m'avez jamais prêté d'argent.

Elsbeth. – Mais si le hasard t'a fait voir ce que je veux qu'on ignore, ne dois-je pas te mettre à la porte, de peur de nouvel accident ?

Fantasio. – Avez-vous le dessein de me comparer à un confident de tragédie, et craignez-vous que je ne suive votre ombre en déclamant ? Ne me chassez pas, je vous en prie. Je m'amuse beaucoup ici. Tenez, voilà votre gouvernante qui arrive avec des mystères plein ses poches. La preuve que je ne l'écouterai pas, c'est que je m'en vais à l'office manger une aile de pluvier[3] que le majordome a mise de côté pour sa femme.

Il sort.

Vocabulaire

1. *Pistole* : ancienne monnaie d'or.
2. *Chausses* : culottes de tissu.
3. *Pluvier* : oiseau de taille moyenne dont le dessous de l'aile est blanc. Gibier estimé. Le pluvier avait la réputation de se nourrir de vent. Le repas de Fantasio sera léger.

LA GOUVERNANTE, *entrant.* – Savez-vous une chose terrible, ma chère Elsbeth ?

ELSBETH. – Que veux-tu dire ? tu es toute tremblante.

LA GOUVERNANTE. – Le prince n'est pas le prince, ni l'aide de camp non plus. C'est un vrai conte de fées.

ELSBETH. – Quel imbroglio me fais-tu là ?

LA GOUVERNANTE. – Chut ! chut ! C'est un des officiers du prince lui-même qui vient de me le dire. Le prince de Mantoue est un véritable Almaviva[1] ; il est déguisé et caché parmi les aides de camp ; il a voulu sans doute chercher à vous voir et à vous connaître d'une manière féerique. Il est déguisé, le digne seigneur, il est déguisé, comme Lindor[2] ; celui qu'on vous a présenté comme votre futur époux n'est qu'un aide de camp nommé Marinoni.

ELSBETH. – Cela n'est pas possible !

LA GOUVERNANTE. – Cela est certain, certain mille fois. Le digne homme est déguisé ; il est impossible de le reconnaître ; c'est une chose extraordinaire.

ELSBETH. – Tu tiens cela, dis-tu, d'un officier ?

LA GOUVERNANTE. – D'un officier du prince. Vous pouvez le lui demander à lui-même.

Noms propres

1. *Véritable Almaviva* : dans *Le Barbier de Séville* (1775), pièce de Beaumarchais, le comte Almaviva a pris le nom de Lindor pour séduire Rosine, la pupille de Bartholo.
2. *Lindor* : cf. note précédente. Lindor est un personnage de la comédie italienne. Type de l'amoureux espagnol qui donne des sérénades.

Elsbeth. – Et il ne t'a pas montré parmi les aides de camp le véritable prince de Mantoue ?

La gouvernante. – Figurez-vous qu'il en tremblait lui-même, le pauvre homme, de ce qu'il me disait. Il ne m'a confié son secret que parce qu'il désire vous être agréable et qu'il savait que je vous préviendrais. Quant à Marinoni, cela est positif ; mais, pour ce qui est du prince véritable, il ne me l'a pas montré.

Elsbeth. – Cela me donnerait quelque chose à penser, si c'était vrai. Viens, amène-moi cet officier.

Entre un page.

La gouvernante. – Qu'y a-t-il, Flamel ? Tu parais hors d'haleine.

Le page. – Ah ! madame, c'est une chose à en mourir de rire. Je n'ose parler devant Votre Altesse.

Elsbeth. – Parle ; qu'y a-t-il encore de nouveau ?

Le page. – Au moment où le prince de Mantoue entrait à cheval dans la cour, à la tête de son état-major, sa perruque s'est enlevée dans les airs et a disparu tout à coup.

Elsbeth. – Pourquoi cela ? Quelle niaiserie !

Le page. – Madame, je veux mourir si ce n'est pas la vérité. La perruque s'est enlevée en l'air au bout d'un hameçon. Nous l'avons retrouvée dans l'office, à côté d'une bouteille cassée ; on ignore qui a fait cette plaisanterie. Mais le duc n'en est pas moins furieux, et il a juré que si l'auteur n'en est pas puni de mort, il déclarera la guerre au roi votre père et mettra tout à feu et à sang.

Elsbeth. – Viens écouter toute cette histoire, ma chère. Mon sérieux commence à m'abandonner.

Entre un autre page.

Elsbeth. – Eh bien, quelle nouvelle ?

Le page. – Madame, le bouffon du roi est en prison ; c'est lui qui a enlevé la perruque du prince.

Elsbeth. – Le bouffon est en prison ? et sur l'ordre du prince ?

Le page. – Oui, Altesse.

Elsbeth. – Viens, chère mère, il faut que je te parle.

Elle sort avec sa gouvernante.

Scène 6

Le prince, Marinoni

Le prince. – Non, non, laisse-moi me démasquer. Il est temps que j'éclate. Cela ne se passera pas ainsi. Feu et sang ! une perruque royale au bout d'un hameçon ! Sommes-nous chez les barbares, dans les déserts de la Sibérie ? Y a-t-il encore sous le soleil quelque chose de civilisé et de convenable ? J'écume de colère, et les yeux me sortent de la tête.

Marinoni. – Vous perdez tout par cette violence.

Le prince. – Et ce père, ce roi de Bavière, ce monarque vanté dans tous les almanachs[1] de l'année passée ! cet homme qui a un extérieur si décent, qui s'exprime en termes si mesurés,

Vocabulaire
1. *Almanachs* : ici, annuaires généalogiques des familles royales.

et qui se met à rire en voyant la perruque de son gendre voler dans les airs ! Car enfin, Marinoni, je conviens que c'est ta perruque qui a été enlevée ; mais n'est-ce pas toujours celle du prince de Mantoue, puisque c'est lui que l'on croit voir en toi ? Quand je pense que si c'eût été moi, en chair et en os, ma perruque aurait peut-être... Ah ! il y a une providence ; lorsque Dieu m'a envoyé tout d'un coup l'idée de me travestir ; lorsque cet éclair a traversé ma pensée : « Il faut que je me travestisse », ce fatal événement était prévu par le destin. C'est lui qui a sauvé de l'affront le plus intolérable la tête qui gouverne mes peuples. Mais, par le ciel, tout sera connu. C'est trop longtemps trahir ma dignité. Puisque les majestés divines et humaines sont impitoyablement violées et lacérées, puisqu'il n'y a plus chez les hommes de notions du bien et du mal, puisque le roi de plusieurs milliers d'hommes éclate de rire comme un palefrenier à la vue d'une perruque, Marinoni, rends-moi mon habit.

Marinoni, *ôtant son habit.* – Si mon souverain le commande, je suis prêt à souffrir pour lui mille tortures.

Le prince. – Je connais ton dévouement. Viens, je vais dire au roi son fait en propres termes.

Marinoni. – Vous refusez la main de la princesse ? Elle vous a cependant lorgné[1] d'une manière évidente pendant tout le dîner.

Vocabulaire

1. *Lorgné* : regardé du coin de l'œil, mais de manière insistante.

LE PRINCE. – Tu crois ? Je me perds dans un abîme de perplexités. Viens toujours, allons chez le roi.

MARINONI, *tenant l'habit.* – Que faut-il faire, Altesse ?

LE PRINCE. – Remets-le pour un instant. Tu me le rendras tout à l'heure ; ils seront bien plus pétrifiés, en m'entendant prendre le ton qui me convient, sous ce frac de couleur foncée.

Ils sortent.

Scène 7

Une prison.

FANTASIO, *seul.*

FANTASIO. – Je ne sais s'il y a une Providence, mais c'est amusant d'y croire. Voilà pourtant une pauvre petite princesse qui allait épouser à son corps défendant un animal immonde, un cuistre[1] de province, à qui le hasard a laissé tomber une couronne sur la tête, comme l'aigle d'Eschyle sa tortue[2]. Tout était préparé ; les chandelles allumées, le prétendu poudré, la pauvre petite confessée. Elle avait essuyé les deux charmantes larmes que j'ai vues couler ce matin. Rien ne manquait que deux ou trois capucinades[3] pour que le malheur de sa vie fût en règle. Il y avait dans tout cela la fortune de deux royaumes,

Vocabulaire et référence

1. *Cuistre* : pédant vaniteux et ridicule.
2. *Comme l'aigle d'Eschyle sa tortue* : Eschyle, le poète tragique grec, aurait été tué par une carapace de tortue lâchée par un aigle au-dessus de son crâne chauve.
3. *Capucinades* : discours de morale ennuyeux.

la tranquillité de deux peuples ; et il faut que j'imagine de me déguiser en bossu, pour venir me griser derechef dans l'office de notre bon roi, et pour pêcher au bout d'une ficelle la perruque de son cher allié ! En vérité, lorsque je suis gris, je crois que j'ai quelque chose de surhumain. Voilà le mariage manqué et tout remis en question. Le prince de Mantoue a demandé ma tête, en échange de sa perruque. Le roi de Bavière a trouvé la peine un peu forte, et n'a consenti qu'à la prison. Le prince de Mantoue, grâce à Dieu, est si bête, qu'il se ferait plutôt couper en morceaux que d'en démordre ; ainsi la princesse reste fille, du moins pour cette fois. S'il n'y a pas là le sujet d'un poème épique en douze chants, je ne m'y connais pas. Pope et Boileau[1] ont fait des vers admirables sur des sujets bien moins importants. Ah ! si j'étais poète, comme je peindrais la scène de cette perruque voltigeant dans les airs ! Mais celui qui est capable de faire de pareilles choses dédaigne de les écrire. Ainsi la postérité s'en passera.

Il s'endort.

Entrent Elsbeth et sa gouvernante, une lampe à la main.

ELSBETH. – Il dort ; ferme la porte doucement.

LA GOUVERNANTE. – Voyez ; cela n'est pas douteux. Il a ôté sa perruque postiche, sa difformité a disparu en même temps ; le voilà tel qu'il est, tel que ses peuples le voient sur son char de triomphe ; c'est le noble prince de Mantoue.

Noms propres

1. *Pope et Boileau* : Alexander Pope est un poète britannique (1688-1744). Nicolas Boileau (1636-1711) est un poète et un théoricien de la littérature.

ELSBETH. – Oui, c'est lui ; voilà ma curiosité satisfaite ; je voulais voir son visage, et rien de plus ; laisse-moi me pencher sur lui. *(Elle prend la lampe.)* Psyché, prends garde à ta goutte d'huile[1].

LA GOUVERNANTE. – Il est beau comme un vrai Jésus.

ELSBETH. – Pourquoi m'as-tu donné à lire tant de romans et de contes de fées ? Pourquoi as-tu semé dans ma pauvre pensée tant de fleurs étranges et mystérieuses ?

LA GOUVERNANTE. – Comme vous voilà émue sur la pointe de vos petits pieds !

ELSBETH. – Il s'éveille ; allons-nous-en.

FANTASIO, *s'éveillant.* – Est-ce un rêve ? Je tiens le coin d'une robe blanche.

ELSBETH. – Lâchez-moi ; laissez-moi partir.

FANTASIO. – C'est vous, princesse ! Si c'est la grâce du bouffon du roi que vous m'apportez si divinement, laissez-moi remettre ma bosse et ma perruque ; ce sera fait dans un instant.

LA GOUVERNANTE. – Ah ! prince, qu'il vous sied mal de nous tromper ainsi ! Ne reprenez pas ce costume ; nous savons tout.

FANTASIO. – Prince ! Où en voyez-vous un ?

LA GOUVERNANTE. – À quoi sert-il de dissimuler ?

Référence

1. *Psyché, prends garde à ta goutte d'huile* : allusion à un épisode d'une légende grecque. Histoire reprise dans *Les Amours de Psyché et Cupidon* (1669) de La Fontaine.

FANTASIO. – Je ne dissimule pas le moins du monde ; par quel hasard m'appelez-vous prince ?

LA GOUVERNANTE. – Je connais mes devoirs envers Votre Altesse.

FANTASIO. – Madame, je vous supplie de m'expliquer les paroles de cette honnête dame. Y a-t-il réellement quelque méprise extravagante[1], ou suis-je l'objet d'une raillerie ?

ELSBETH. – Pourquoi le demander, lorsque c'est vous-même qui raillez ?

FANTASIO. – Suis-je donc un prince par hasard ? Concevrait-on quelque soupçon sur l'honneur de ma mère ?

ELSBETH. – Qui êtes-vous, si vous n'êtes pas le prince de Mantoue ?

FANTASIO. – Mon nom est Fantasio ; je suis un bourgeois de Munich.

Il lui montre une lettre.

ELSBETH. – Un bourgeois de Munich ! Et pourquoi êtes-vous déguisé ? Que faites-vous ici ?

FANTASIO. – Madame, je vous supplie de me pardonner.

Il se jette à genoux.

ELSBETH. – Que veut dire cela ? Relevez-vous, homme, et sortez d'ici. Je vous fais grâce d'une punition que vous mériteriez peut-être. Qui vous a poussé à cette action ?

FANTASIO. – Je ne puis dire le motif qui m'a conduit ici.

Vocabulaire

1. *Méprise extravagante* : erreur aberrante.

Elsbeth. – Vous ne pouvez le dire ? et cependant je veux le savoir.

Fantasio. – Excusez-moi, je n'ose l'avouer.

La gouvernante. – Sortons, Elsbeth ; ne vous exposez pas à entendre des discours indignes de vous. Cet homme est un voleur, ou un insolent qui va vous parler d'amour.

Elsbeth. – Je veux savoir la raison qui vous a fait prendre ce costume.

Fantasio. – Je vous supplie, épargnez-moi.

Elsbeth. – Non, non, parlez, ou je ferme cette porte sur vous pour dix ans.

Fantasio. – Madame, je suis criblé de dettes ; mes créanciers ont obtenu un arrêt contre moi ; à l'heure où je vous parle, mes meubles sont vendus, et si je n'étais dans cette prison, je serais dans une autre. On a dû venir m'arrêter hier au soir ; ne sachant où passer la nuit, ni comment me soustraire aux poursuites des huissiers, j'ai imaginé de prendre ce costume et de venir me réfugier aux pieds du roi ; si vous me rendez la liberté, on va me prendre au collet ; mon oncle est un avare qui vit de pommes de terre et de radis, et qui me laisse mourir de faim dans tous les cabarets du royaume. Puisque vous voulez le savoir, je dois vingt mille écus[1].

Elsbeth. – Tout cela est-il vrai ?

Fantasio. – Si je mens, je consens à les payer.

Vocabulaire

1. *Vingt mille écus* : somme très conséquente. Tout comme son héros, Musset avait beaucoup de dettes.

On entend un bruit de chevaux.

La gouvernante. – Voilà des chevaux qui passent ; c'est le roi en personne. Si je pouvais faire signe à un page ! *(Elle appelle par la fenêtre.)* Holà ! Flamel, où allez-vous donc ?

Le page, *en dehors.* – Le prince de Mantoue va partir.

La gouvernante. – Le prince de Mantoue !

Le page. – Oui, la guerre est déclarée. Il y a eu entre lui et le roi une scène épouvantable devant toute la cour, et le mariage de la princesse est rompu.

Elsbeth. – Entendez-vous cela, monsieur Fantasio ? vous avez fait manquer mon mariage.

La gouvernante. – Seigneur mon Dieu ! le prince de Mantoue s'en va, et je ne l'aurai pas vu !

Elsbeth. – Si la guerre est déclarée, quel malheur !

Fantasio. – Vous appelez cela un malheur, Altesse ? Aimeriez-vous mieux un mari qui prend fait et cause pour sa perruque ? Eh ! madame, si la guerre est déclarée, nous saurons quoi faire de nos bras ; les oisifs[1] de nos promenades mettront leurs uniformes ; moi-même je prendrai mon fusil de chasse, s'il n'est pas encore vendu. Nous irons faire un tour d'Italie, et si vous entrez jamais à Mantoue, ce sera comme une véritable reine, sans qu'il y ait besoin pour cela d'autres cierges que nos épées.

Vocabulaire

1. *Oisifs* : désœuvrés, sans occupation particulière.

ELSBETH. – Fantasio, veux-tu rester le bouffon de mon père ? Je te paie tes vingt mille écus.

FANTASIO. – Je le voudrais de grand cœur ; mais en vérité, si j'y étais forcé, je sauterais par la fenêtre pour me sauver un de ces jours.

ELSBETH. – Pourquoi ? tu vois que Saint-Jean est mort ; il nous faut absolument un bouffon.

FANTASIO. – J'aime ce métier plus que tout autre ; mais je ne puis faire aucun métier. Si vous trouvez que cela vaille vingt mille écus de vous avoir débarrassée du prince de Mantoue, donnez-les-moi, et ne payez pas mes dettes. Un gentilhomme sans dettes ne saurait où se présenter. Il ne m'est jamais venu à l'esprit de me trouver sans dettes.

ELSBETH. – Eh bien ! je te les donne ; mais prends la clef de mon jardin : le jour où tu t'ennuieras d'être poursuivi par tes créanciers, viens te cacher dans les bleuets où je t'ai trouvé ce matin ; aie soin de reprendre ta perruque et ton habit bariolé ; ne parais jamais devant moi sans cette taille contrefaite[1] et ces grelots d'argent, car c'est ainsi que tu m'as plu : tu redeviendras mon bouffon pour le temps qu'il te plaira de l'être, et puis tu iras à tes affaires. Maintenant tu peux t'en aller, la porte est ouverte.

LA GOUVERNANTE. – Est-il possible que le prince de Mantoue soit parti sans que je l'aie vu ?

Vocabulaire

1. *Contrefaite* : ici, à la fois difforme et imitée.

Un mariage sinon la guerre !

LECTURE

Lecture du texte

Le titre, la liste des personnages et la scène d'exposition (p. 10-12)

1. Quel horizon d'attente le nom du personnage éponyme crée-t-il ? (cf. note 3 p. 6, note 6 p. 13 et question 17 p. 68)
Trouvez un autre titre qui soit révélateur de l'action.

2. Statut social des personnages, situation, registre de langue : comédie ou tragédie ?

3. Pouvez-vous identifier l'époque à laquelle se déroule la pièce ? Justifiez.

4. Listez les informations données dans la scène 1.

Les personnages de la scène d'exposition (acte I, scène 1)

5. Quel est l'intérêt du personnage de Rutten ? Pourquoi n'apparaît-il plus dans la suite de la pièce ?

6. P. 11-12, l. 7-17 : qu'apprenons-nous sur la princesse Elsbeth ?

7. P. 12, l. 18-31 : quelle image du prince nous est ici donnée ?

8. Qualifiez l'état d'esprit du roi (utilisez deux adjectifs).

9. Quel type de relation le roi entretient-il avec sa fille ? Justifiez. Référez-vous également à l'acte II, scène 5 (p. 50-51, l. 346-371).

Un mariage imminent

10. S'agit-il d'un mariage d'amour ? Justifiez.

11. P. 12, l. 32-34 : expliquez le sens de la métaphore utilisée pour caractériser la politique. En quoi cette réplique est-elle importante pour l'action ?

La structure de la pièce

12. Résumez les deux actes en une dizaine de lignes.

13. En quoi consiste la double intrigue ?

Question de synthèse

14. Montrez que le hasard constitue le moteur de l'action.

Lecture d'image

Alfred de Musset rend visite à George Sand, quai Malaquais à Paris, chromolithographie de la fin du XIXe siècle.

15. En quoi l'attitude des personnages est-elle révélatrice d'une collaboration et d'un texte en cours d'écriture ?

16. Quel était le nom donné à l'appartement du 19 quai Malaquais ?

Étude de la langue

Étymologie

17. P. 15, l. 90 : donnez l'étymologie et le sens de « fantasque ».

Lexique

18. P. 15, l. 89 : que veut dire « susdite » ?

19. P. 41, l. 160 : cherchez les différentes significations du terme « mascarade ». Quel est son sens dans le contexte ?

Grammaire

20. P. 11, l. 4-7 : étudiez l'expression de l'ordre dans « Que ce soit [...] divertissements ».

21. P. 12, l. 32-34 : identifiez une proposition subordonnée relative.

NOTIONS LITTÉRAIRES
Les formes de la parole théâtrale

Au théâtre, toute parole prononcée s'adresse à la fois aux autres personnages et au public (**double énonciation**). Cette parole peut prendre diverses formes.
– **Le dialogue** : échange entre les personnages présents sur scène, il cherche à donner l'illusion de la conversation de la vie courante.
– **Les stichomythies** : succession rapide de répliques brèves.
– **Les répliques** : un personnage s'adresse à un autre au cours d'un dialogue. Le plus souvent, chaque personnage s'exprime autant que l'autre.
– **La tirade** : longue réplique (prononcée sans interruption) d'un personnage qui s'adresse à un autre. Ex. : tirades de Fantasio (acte II, scène 5), du prince (acte II, scène 6).
– **Le monologue** : seul sur scène, un personnage se parle à lui-même et à haute voix. Le monologue a plusieurs fonctions : explicative (résumé d'une situation), introspective (clarification d'idées, de sentiments), délibérative (obligation de faire un choix), dramatique (réflexion en lien direct avec l'action). Ex. : monologues du prince (acte II, scène 2) et de Fantasio (acte II, scènes 3 et 7).
– **L'aparté** : un des personnages (en présence d'un ou de plusieurs autres), censé se faire entendre du seul public ou se parlant à lui-même, s'exprime en baissant la voix (*« à part »*).

EXPRESSION

Expression écrite

Écrit d'appropriation

22. Rendez compte de votre lecture de la pièce en créant un nuage de mots (représentation visuelle de mots clés). Utilisez au maximum huit mots clés.

Expression orale

23. Faites un exposé sur la relation passionnelle entre Sand et Musset (circonstances de la rencontre, évolution de la relation, motifs de la rupture).

Vers l'oral du bac

24. Présentez brièvement *Fantasio* (contextes historique et littéraire, auteur, principaux thèmes, résumé concis, visée[s]). Justifiez votre choix (émotions ressenties, passage qui a retenu votre attention, originalité ou écho avec d'autres textes, etc.).

PATRIMOINE

25. Quel est le titre du roman autobiographique de Sand qui s'inspire de sa relation avec Musset ? Et celui du texte parodique publié par Paul de Musset ?

26. Quelle héroïne de Racine s'est sacrifiée au nom de la raison d'État ?

Méthode — *Comment analyser une scène d'un texte théâtral*

Afin d'identifier les enjeux du texte théâtral à analyser, vous devez repérer et étudier les éléments suivants :

→ moment de l'action où se situe cette scène (scène d'exposition, nœud de l'action ou dénouement) ;
→ cadre spatio-temporel ;
→ situation à ce moment précis ;
→ forme de parole théâtrale : monologue, dialogue (cf. encadré p. 69) ;
→ répartition de la parole (est-elle équilibrée ?) ;
→ personnages présents sur scène (qui parle ? de quoi ? avec qui ?) ;
→ type de relation entre ces personnages (ennemis, etc.) ;
→ thème principal de l'échange (amour ? confidence ? un autre personnage de l'intrigue ? etc.) ;
→ didascalies (attitudes des personnages, ton, etc.) ;
→ registre(s) (lyrique, pathétique, etc.) ;
→ niveau de langue (familier, courant, soutenu) ;
→ intérêt dramatique de la scène (faire avancer l'action ? mettre en place le conflit ? etc.) ;
→ visée de l'auteur (émouvoir ? choquer ? etc.).

Un prince travesti et une princesse fantasque

LECTURE

Lecture du texte

Le prince et Marinoni : tel maître, tel valet (acte I, scènes 2 et 3 ; acte II, scène 4)

1. Acte I, scène 2, p. 14-16, l. 64-97 : « Il sent l'espion d'une lieue » : quels éléments dans le comportement de l'aide de camp justifient cette remarque ?

2. Acte I, scène 3, p. 31-33, l. 417-464 : quels sont les obstacles au projet du prince de changer d'identité ? Comment se résolvent-ils ?

3. Acte I, scène 3, p. 30, l. 395-399 : le rapport que Marinoni fait au prince sur Elsbeth correspond-il à ce qui a été dit dans la scène 2 (p. 14-15, l. 64-93) ?

4. Acte I, scène 3 ; acte II, scène 4 : analysez la relation que le prince entretient avec Marinoni. Justifiez.

Une déclaration d'amour ridicule (acte II, scène 2)

5. P. 45, l. 235-256 : pourquoi les propos du prince sont-ils incongrus ?

6. P. 45, l. 247-248 et l. 254-255 : comment réagit la princesse ?

7. P. 46, l. 257-267 : en quoi ce monologue révèle-t-il que le prince est un indécis permanent ?

Un prince bouffon, caricature du héros romantique (acte II, scène 6)

8. P. 58-59, l. 538-564 : relevez les marques de la colère du prince.

9. P. 59, l. 569-571 : quel argument Marinoni utilise-t-il pour empêcher le prince de renoncer à son déguisement ? Cet argument est-il pertinent ?

10. Montrez que les paroles du prince dans cette scène font de lui une caricature du héros romantique (vocabulaire décalé au regard de la situation, etc.).

Un prince travesti et une princesse fantasque

Une princesse « fantasque » ? (acte II, scène 1)

11. P. 34, l. 3-9, et p. 37, l. 65-76 pour quelles raisons Elsbeth regrette-t-elle le bouffon Saint-Jean ?

12. Se révèle-t-elle « fantasque » dans cette scène ? Justifiez.

13. Définissez les relations d'Elsbeth avec sa gouvernante. Quelle est la fonction de cette dernière dans la pièce ?

Question de synthèse

14. Après avoir recherché la définition du terme, montrez en quoi le vaniteux prince de Mantoue est un « fantoche ».

Lecture d'image

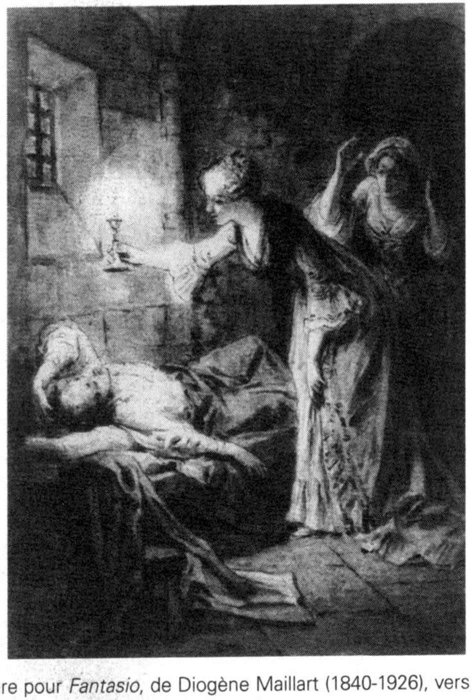

Gravure pour *Fantasio*, de Diogène Maillart (1840-1926), vers 1900.

15. Quel moment précis de la pièce cette image illustre-t-elle ? Justifiez.

Étude de la langue

Lexique

16. P. 31, l. 421 : que signifie le terme « romanesque » ? Est-il adapté pour qualifier le prince ? Justifiez.

17. P. 35, l. 16-17 : identifiez la figure de style dans « un Amadis ».

Grammaire

18. P. 46, l. 201 : quelle est la nature de « vivement » ?

NOTIONS LITTÉRAIRES
Musset et le drame romantique

Apparu dans la première moitié du XIXe siècle, le drame romantique (influencé par le théâtre shakespearien) **se libère des codes classiques** en vigueur dans la tragédie classique : règles des trois unités et de bienséance (cf. lexique, p. 92 et 95). Le découpage en actes et scènes reste cependant respecté.

Théorisé par **Hugo** dans la **préface de *Cromwell*** (1827), le drame romantique est caractérisé par les éléments suivants :
– mélange des registres (comique/tragique ; grotesque/sublime) et des niveaux de langue (familier/courant/recherché) ;
– grande diversité des lieux scéniques ;
– grand nombre de personnages ;
– renouvellement de l'inspiration : les thèmes ne sont plus en lien avec l'Antiquité (mythologie) mais avec le Moyen Âge ou la Renaissance ;
– le sujet du drame fait référence à une situation historique ;
– reconstitution de la couleur locale (décors, costumes) ;
– vers et prose peuvent être juxtaposés.

Dans le drame romantique, l'auteur use et abuse des **coups de théâtre**, des **quiproquos**, *Fantasio* en est une illustration.

Les **héros du théâtre romantique**, symboles du « mal du siècle » (cf. encadré p. 83), sont des **êtres complexes** : solitaires, tourmentés, politiquement engagés (tels Lorenzaccio, ou Hernani, héros éponyme de la pièce de Hugo).

HISTOIRE DES ARTS

La représentation picturale du héros romantique

La peinture romantique, courant pictural européen (de la fin du XVIIIe siècle à la moitié du XIXe, selon les pays), propose diverses représentations du héros romantique. Caspar David Friedrich, dans *Le Voyageur contemplant une mer de nuages* (1818), a peint un jeune homme de dos, debout au sommet d'un éperon rocheux, qui observe un paysage constitué de crêtes montagneuses embrumées. Ce personnage incarne l'archétype du héros romantique : sensible à la beauté, solitaire, rêveur, mélancolique, un exclu de la société matérialiste qui trouve refuge au sein de la nature considérée comme un lieu de repos et de recueillement. Ou encore *La Liberté guidant le peuple* (1830) de Delacroix nous rappelle que le héros romantique, soucieux de justice sociale, est toujours prêt à combattre aux côtés des plus faibles et des miséreux en révolte contre un pouvoir coercitif.

EXPRESSION

Expression écrite

Écrit d'appropriation

19. Rédigez le monologue d'Elsbeth dans lequel elle exprime à la fois sa douleur d'avoir perdu le bouffon Saint-Jean et son désespoir de devoir épouser un homme qui lui a été imposé.

Commentaire

20. P. 50-52 l. 346-396 : faites le commentaire de ce passage.

Expression orale

21. P. 44-45, l. 229-246 : lisez de manière expressive ces paroles du prince ; articulez, respectez la ponctuation, faites les liaisons, ajustez votre ton à la situation, utilisez une gestuelle adaptée au sens des paroles prononcées.

22. Organisez un débat en classe : le prince de Mantoue et Fantasio ont-ils eu raison de se travestir ? Chaque élève justifiera sa prise de position pour chacune des questions posées.

PATRIMOINE

23. P. 36, l. 59-61 : de quelle pièce de Beaumarchais cette phrase est-elle une réminiscence ? Donnez la citation exacte.

24. Dans quelles œuvres Musset utilise-t-il le prénom d'Henri pour son héros ?

25. Citez deux pièces de théâtre dans lesquelles un maître change son identité à des fins sentimentales.

Méthode — *Comment réussir la question de grammaire à l'oral du bac*

La question de grammaire (qui porte sur l'analyse syntaxique « d'une courte phrase ou d'une partie de phrase ») a pour objectif d'**évaluer vos connaissances sur le fonctionnement de la langue**. L'examinateur pourra vous demander :

- d'identifier la classe et la fonction d'un mot ou d'un groupe de mots ;
- de justifier la concordance des temps ;
- d'analyser la syntaxe de la négation, celle de l'interrogation, celle des subordonnées relatives, des conjonctives ;
- d'indiquer les rapports logiques exprimés dans les subordonnées circonstancielles (cause, concession, etc.) ;
- de transformer une phrase pour faire apparaître une subordonnée circonstancielle que vous analyserez.

Conseils pour réussir cette partie notée sur 2

➜ Tout au long de l'année :

- faites des fiches de cours de grammaire ;
- constituez un répertoire avec des questions grammaticales étudiées en classe ;
- entraînez-vous régulièrement.

➜ Le jour J, lors du temps de préparation et de l'oral :

- identifiez le type de question posée (construction d'une phrase, analyse, etc.) ;
- rédigez votre réponse durant le temps de préparation, n'improvisez pas ;
- répondez à la question posée après avoir fait la lecture linéaire.

Fantasio ou le bouffon ressuscité

LECTURE

Lecture du texte

Un héros blasé en proie au « mal du siècle » (acte I, scène 2)

1. Pourquoi le héros éponyme entre-t-il en scène après ses amis ? Quelle image ont-ils donnée de lui ?

2. Quel est son état d'esprit ? Analysez des passages précis.

3. P. 25-27, l. 300-331 : quel est son point de vue sur l'amour ? Sur la religion ?

4. Pourquoi Fantasio endosse-t-il les habits de bouffon ?

5. Spark : un contre-portrait de Fantasio ou un alter ego ? Justifiez.

« Un heureux fou ? » (acte II, scènes 1 et 5)

6. Acte II, scène 1, p. 38-43, l. 89-195 : caractérisez l'attitude d'Elsbeth envers le bouffon Fantasio. Justifiez.

7. Acte II, scène 1 : quelle phrase de Fantasio va se révéler prophétique ?

8. Acte II, scène 5, p. 51-55, l. 373-479 : relevez les passages qui indiquent qu'Elsbeth s'interroge sur l'identité de Fantasio.

9. Acte II, scènes 1 et 5 : montrez que dans ces deux scènes, sa liberté de parole et son irrévérence font de Fantasio un véritable bouffon de cour.

Fantasio pose le masque (acte II, scène 3)

10. P. 46-47, l. 268-285 : quels avantages Fantasio reconnaît-il avoir retiré du « métier délicieux » de bouffon ? P. 47, l. 279-282 : ce métier est-il si « délicieux » ?

11. P. 47-48, l. 286-306 : en quoi sa découverte d'Elsbeth en pleurs est-elle essentielle pour l'action ? Quel sentiment éprouve-t-il alors ?

Question de synthèse

12. Fantasio et la princesse sont-ils amoureux l'un de l'autre ? Justifiez.

Lecture d'image (rabat de couverture de l'ouvrage)

Eduardo Zamacois y Zabala (1841-1871), *Bouffons jouant au cochonnet*, huile sur panneau, musée des Beaux-Arts, Bilbao, 1868.

13. En quoi les costumes et les personnages sont-ils caractéristiques de la fonction de bouffon de cour ?

Étude de la langue

Étymologie

14. Quelle est l'étymologie du mot « bouffon » (p. 12, l. 15) ? Celle de « travestissement » (p. 32, l. 437) ?

Lexique

15. Cherchez les différents sens du terme « bouffon » (substantif et adjectif).

16. Expliquez la signification dans le contexte de la métaphore : « Tu as le mois de mai sur les joues [...] et le mois de janvier dans le cœur » (p. 17, l. 118-119).

17. P. 24, l. 264 : quelle est la définition de « grisette » ?

Grammaire

18. P. 41, l. 160 : identifiez le mode et le temps de « sentît » dans « Croyez-vous que ça sentît la rose [...] ». Justifiez cet emploi.

EXPRESSION

Expression écrite

Vers l'essai (séries technologiques)

19. Une pièce de théâtre est-elle faite pour être lue ou représentée ? Rédigez deux paragraphes pour confronter ces deux points de vue.

NOTIONS LITTÉRAIRES

Le personnage du bouffon au théâtre

Les bouffons, farceurs populaires, existent depuis l'Antiquité romaine et grecque. Sur les places, ils divertissaient la foule avec leurs visages barbouillés, leurs corps difformes, leurs bons mots, leurs grimaces, etc.

À la Renaissance, la **commedia dell'arte** met en scène Arlequin, le valet bouffon, et Pulcinella (Polichinelle) avec sa voix de crécelle, ses deux bosses et son nez crochu. Dans la comédie-ballet *La Princesse d'Élide* (1664) de Molière, Moron est un bouffon poltron, et dans *Les Amants magnifiques* (1670), le bouffon de cour Clitidas se fait l'intermédiaire d'un amant timide pour sonder le cœur de la princesse Ériphile.

Le **théâtre shakespearien** utilise largement ce personnage type : Feste dans *La Nuit des rois*, Touchstone (bouffon du duc) dans *Comme il vous plaira*, Thersite dans *Troïlus et Cressida*.

Les **dramaturges romantiques** font des fous de cour des personnages récurrents de leurs pièces, notamment **Victor Hugo** : Triboulet dans *Le roi s'amuse*, l'Angely (bouffon du roi) dans *Marion Delorme*, et, dans *Cromwell*, nous trouvons pas moins de quatre bouffons – Trick, Giraff, Gramadoch et Elespuru.

La fonction du fou de cour est certes de distraire, mais elle se révèle beaucoup plus complexe : sa **parole libre** (tolérée tant qu'elle est humoristique) l'amène à asséner des vérités qui ne sont pas toujours bonnes à dire. Personnage adjuvant ou opposant, il est souvent le **moteur de l'action** ou, comme dans *Fantasio*, il **résout l'intrigue**.

Plus largement, la difformité stéréotypée du bouffon rappelle à l'homme l'universalité tragiquement banale de sa destinée.

Commentaire

20. P. 46-48 l. 268-305 : faites le commentaire du monologue de Fantasio.

Expression orale

21. P. 19, l. 163-176 : lisez à voix haute cette tirade de Fantasio. Reportez-vous aux consignes de lecture énoncées dans la question 21, p. 71.

Vers l'oral du bac

22. P. 35, l. 18-33 : rédigez l'analyse linéaire de ce passage.

PATRIMOINE

23. Quel conte de Musset a pour héroïne une grisette ?

24. Citez deux romans de Stendhal dans lesquels les héros sont emprisonnés.

25. Dans quelle œuvre de Rabelais trouve-t-on le personnage du bouffon Triboulet ?

Méthode *Comment relire sa copie efficacement*

Une relecture attentive de votre production est une **étape incontournable**. Vous devrez vérifier les éléments suivants :

➜ lisibilité de l'écriture ;
➜ présentation soignée (évitez les ratures) ;
➜ qualité de l'encre (les copies d'examen sont scannées) ;
➜ respect des conventions de présentation des documents supports (titres des œuvres soulignés, etc.) ;
➜ citations entre guillemets ;
➜ abréviations proscrites ;
➜ ponctuation cohérente et emploi judicieux des majuscules ;
➜ orthographe (accord verbe sujet, etc.) ;
➜ suppression des répétitions, des phrases trop longues ou mal construites ;
➜ utilisation d'un vocabulaire varié et adapté au contexte ;
➜ respect de la méthodologie de l'exercice proposé (introduction – développement structuré en paragraphes – phrase(s) de transition – conclusion) ;
➜ dans le cas d'une argumentation, cohérence d'ensemble à l'aide de connecteurs logiques.

Comédie, satire, drame

LECTURE

Lecture du texte (pièce intégrale)

Un genre hybride

1. Reliez chaque personnage au genre théâtral qu'il représente. Expliquez vos choix.

le roi •	• comédie
Elsbeth •	• comédie
le prince de Mantoue •	• comédie et drame romantique (caricature)
Fantasio •	• tragédie
la gouvernante •	• drame bourgeois
Marinoni •	• comédie et drame romantique (parodie)

2. P. 56, l. 485 : quels éléments de la pièce relèvent du « conte de fées » ?

3. P. 65, l. 690-692 : en quoi s'agit-il finalement d'un faux « conte de fées » ?

Une comédie fantaisiste

4. Donnez deux exemples de comique de caractère et de comique de mots.

5. P. 56-58, l. 481-537 : quelle est l'origine du quiproquo qui entraîne le comique de situation ?

6. P. 61-63, l. 610-650 : en quoi consiste ce quiproquo ?

7. P. 57-58, l. 517-537, et p. 58-59, l. 545-564 : pourquoi peut-on dire que le vol de la perruque est une péripétie à la fois burlesque et dramatique ?

8. P. 65, l. 695, et p. 66, l. 729-730 : quelle est la fonction des deux phrases répétitives de la gouvernante ?

Une satire sous-jacente

9. Relevez deux indices de la dimension satirique de la pièce.

10. En quoi peut-on dire que Musset porte un regard désespéré sur la condition humaine ?

Le sens symbolique de la pièce : la métaphore du théâtre et du monde

11. Montrez que Fantasio est le metteur en scène de sa propre histoire et de celle de la princesse.

12. p. 41-42, l. 149-170 : quelle est la portée symbolique de la discussion sur les fleurs ?

13. La bouffonnerie : une réaction à l'absurdité du monde ? Illustrez votre réponse par des références précises.

Un dénouement dramatique (acte II, scène 7)

14. P. 60-61, l. 580-606 : en quoi le monologue de Fantasio résume-t-il l'action ?

15. P. 65, l. 698-706 : quels arguments Fantasio utilise-t-il pour démontrer que le départ du prince est un bonheur pour Elsbeth ?

16. P. 66, l. 707-719 : pourquoi refuse-t-il qu'Elsbeth paie ses dettes et ne veut-il pas rester bouffon de cour ?

17. En quoi ce dénouement échappe-t-il aux codes habituels de la comédie ?

Question de synthèse

18. Montrez que ce dénouement suggère une suite possible.

Lecture d'image (couverture de l'ouvrage)

19. À l'aide de deux adjectifs, qualifiez l'attitude du personnage.

20. Quelle est l'étymologie de « marotte » ? Quels sont les différents sens du terme ?

Étude de la langue

Étymologie

21. P. 28, l. 373 : cherchez l'étymologie de « feu » dans « feue la reine ».

Lexique

22. P. 46, l. 259 : quel est le sens de « habit supposé » ici ?

Grammaire

23. P. 66, l. 729-730 : analysez l'expression de l'interrogation. Remplacez l'interrogation par la négation.

PATRIMOINE

24. Dans quelles autres œuvres de Musset et de Sand retrouve-t-on le nom de Spark ?

25. Qui est l'auteur de *Masques et bouffons. Comédie italienne* (1860) ?

26. Qu'est-ce qu'un « zani » ?

EXPRESSION

Expression écrite

Écrit d'appropriation

27. Imaginez une suite à la dernière scène. Trois mois se sont écoulés ; rédigez la scène 1 de l'acte III : personnages en présence, lieu, l'intrigue a-t-elle connu un rebondissement ? qu'en est-il de la relation entre Fantasio et Elsbeth ? etc.

Dissertation

28. Selon le critique littéraire Jules Lemaître : « Fantasio est un étudiant bohème à qui Musset a prêté son âme. Fantasio s'ennuie – parce qu'il a trop aimé ; se croit désespéré, il voit la laideur et l'inutilité du monde – parce qu'il n'aime plus. » Étayez cette affirmation à la lumière de votre étude de *Fantasio*.

Expression orale

29. Les titres de plusieurs comédies de Musset sont des proverbes. Comme lui, imaginez une intrigue théâtrale à partir d'un proverbe. Travaillez par groupes et présentez votre travail à la classe.

30. Dans le cadre d'un exposé, mettez en évidence les analogies entre *Le Secrétaire intime*, *Aldo le rimeur* de Sand et *Fantasio* : circonstances de l'écriture, sources d'inspiration, intrigues, caractères des personnages, etc.

CONTEXTUALISATION
Le « mal du siècle »

Les jeunes adultes du début du XIXe siècle se sont retrouvés plongés dans les affres d'une profonde **mélancolie**. L'expression « mal du siècle » désigne cette sensation de mal-être : la **chute du premier Empire en 1815** a privé une génération entière de tout rêve de gloire militaire. Après la Restauration, les premières années de la **monarchie de Juillet** se sont révélées décevantes. Sans perspectives, et vivant dans une société bourgeoise matérialiste, la jeunesse a sombré dans l'ennui et la désillusion.

En 1802, **Chateaubriand**, dans *Génie du christianisme* et *René*, évoque les prémices de ce désenchantement, désigné par l'expression « le vague des passions ».

Musset dépeint le « mal du siècle » dans *La Confession d'un enfant du siècle* (1836) : « Alors s'assit sur un monde en ruine une jeunesse soucieuse. » Selon lui : « Toute la maladie du siècle présent vient de deux causes ; le peuple qui a passé par 93 et par 1814 porte au cœur deux blessures. Tout ce qui était n'est plus tout ; ce qui sera n'est pas encore. »

Dans *Fantasio*, c'est **Spark** qui exprime ce malaise : « L'éternité est une grande aire, d'où tous les siècles, comme de jeunes aiglons, se sont envolés tour à tour pour traverser le ciel et disparaître ; le nôtre est arrivé à son tour au bord du nid ; mais on lui a coupé les ailes, et il attend la mort en regardant l'espace dans lequel il ne peut s'élancer. » (acte I, scène 2)

Méthode — *Comment rédiger la conclusion du commentaire de texte au bac*

La conclusion se présente sous la forme d'un paragraphe de quelques lignes. Scindée en **deux parties**, elle doit être particulièrement soignée, car le correcteur va rester sur cette dernière impression.

→ **Bilan** de l'interprétation du texte qui vient d'être faite dans le commentaire : réponse concise et claire à la problématique posée dans l'introduction. Cette interprétation sera basée sur les grandes étapes de votre analyse.

→ **Ouverture** (valorisée si elle est pertinente) vers des éléments de réflexion en lien avec les points soulevés dans le commentaire : mise en relation avec d'autres textes (de l'auteur ou d'autres auteurs, même de siècles différents) sur le même thème. Vous pouvez aussi souligner l'originalité du texte étudié.

Changer d'identité

1. Théâtre

MARIVAUX (1688-1763), *Le Prince travesti ou l'Illustre Aventurier* (1724)

Le prince de Léon (alias Lélio) est parti découvrir le monde et éventuellement rencontrer sa future épouse. Le roi de Castille, sous l'identité d'ambassadeur de sa propre cour s'est rendu à Barcelone afin d'apprendre à connaître sa promise avant de l'épouser.

Acte III, scène 11

L'AMBASSADEUR, LA PRINCESSE, LÉLIO, HORTENSE, ARLEQUIN

LA PRINCESSE. – Lélio, je croyais avoir à me plaindre de vous ; mais je suis détrompée. Pour vous faire oublier le chagrin que je vous ai donné, vous aimez Hortense, elle vous aime, et je vous unis ensemble. *(À l'ambassadeur.)* Pour vous, monsieur, qui m'avez priée si généreusement de pardonner à Lélio, vous pouvez informer le roi votre maître que je suis prête à recevoir sa main et à lui donner la mienne. J'ai grande idée[1] d'un prince qui sait se choisir des ministres aussi estimables que vous l'êtes, et son cœur...

L'AMBASSADEUR. – Madame, il ne me siérait pas[2] d'en entendre davantage ; c'est le roi de Castille lui-même qui reçoit le bonheur dont vous le comblez.

1. *J'ai grande idée* : j'ai beaucoup d'estime pour.
2. *Il ne me siérait pas* : (infinitif « seoir ») il ne me conviendrait pas, je ne souhaiterais pas.

La princesse. – Vous, seigneur ! Ma main est bien due à un prince qui la demande d'une manière si galante[1] et si peu attendue.

Lélio. – Pour moi, madame, il ne me reste plus qu'à vous jurer une reconnaissance éternelle. Vous trouverez dans le prince de Léon tout le zèle[2] qu'il eut pour vous en qualité de ministre ; je me flatte qu'à son tour le roi de Castille voudra bien accepter mes remerciements.

Le roi de Castille. – Prince, votre rang ne me surprend point : il répond aux sentiments[3] que vous m'avez montrés.

La princesse, *à Hortense*. – Allons, madame, de si grands événements méritent bien qu'on se hâte de les terminer.

Arlequin. – Pourtant, sans moi, il y aurait eu encore du tapage[4].

Lélio. – Suis-moi, j'aurai soin de toi.

QUESTIONS

1. Identifiez la figure de style dans « son cœur » (en gras).

2. Faites des recherches sur le personnage d'Arlequin dans la commedia dell'arte. Quelle phrase est révélatrice de son action dans la résolution de l'intrigue ?

3. En quoi s'agit-il d'une scène de révélation ?

---

1. *Si galante* : si flatteuse, si courtoise.
2. *Zèle* : empressement à servir, dévouement.
3. *Il répond aux sentiments* : il est en accord avec les sentiments.
4. *Tapage* : bruit gênant. Ici, sens figuré : rebondissements, situations problématiques.

2. Théâtre

MARIVAUX (1688-1763), *Le Jeu de l'amour et du hasard* (1730)

Acte I, scène 4

MONSIEUR ORGON, MARIO[1]

MONSIEUR ORGON. – Ne l'amusez pas[2], Mario ; venez, vous saurez de quoi il s'agit.

MARIO. – Qu'y a-t-il de nouveau, monsieur ?

MONSIEUR ORGON. – Je commence par vous recommander d'être discret sur ce que je vais vous dire, au moins.

MARIO. – Je suivrai vos ordres.

MONSIEUR ORGON. – Nous verrons Dorante[3] aujourd'hui ; mais nous ne le verrons que déguisé.

MARIO. – Déguisé ! Viendra-t-il en partie de masque[4], lui donnerez-vous le bal ?

MONSIEUR ORGON. – Écoutez l'article de la lettre du père. Hum… « Je ne sais au reste ce que vous penserez d'une imagination[5] qui est venue à mon fils ; elle est bizarre, il en convient lui-même[6], mais le motif est pardonnable et même délicat ; c'est qu'il m'a prié de lui permettre de n'arriver d'abord chez vous que **sous la figure de son valet**, qui de son côté fera le personnage de son maître. »

MARIO. – Ah, ah ! Cela sera plaisant.

MONSIEUR ORGON. – Écoutez le reste… « Mon fils sait combien l'engagement qu'il va prendre est sérieux, et il espère, dit-il, sous ce déguisement de peu de durée, saisir quelques traits du

---

1. *Mario* : fils d'Orgon et frère de Silvia.
2. *Ne l'amusez pas* : ne distrayez pas votre sœur Silvia (ne l'empêchez pas de faire ce qu'elle a à faire). Silvia vient de prendre la décision d'échanger son identité avec celle de sa femme de chambre Lisette.
3. *Dorante* : prétendant de Silvia. Il veut faire un mariage d'amour.
4. *En partie de masque* : comme pour un bal masqué.
5. *Une imagination* : ici, une idée originale.
6. *Il en convient lui-même* : il reconnaît que son idée peut paraître étrange.

caractère de notre future[1] et la mieux connaître, pour se régler ensuite sur ce qu'il doit faire, suivant la liberté que nous sommes convenus de leur laisser. Pour moi qui m'en fie bien à ce que vous m'avez dit de votre aimable fille, j'ai consenti à tout, en prenant la liberté de vous avertir, quoiqu'il m'ait demandé le secret de votre côté ; vous en userez là-dessus[2] avec la future comme vous le jugerez à propos… » Voilà ce que le père m'écrit. Ce n'est pas le tout, voici ce qui arrive ; c'est que votre sœur, inquiète de son côté sur le chapitre de Dorante[3], dont elle ignore le secret, m'a demandé de jouer ici la même comédie, et cela précisément pour observer Dorante, comme Dorante veut l'observer. Qu'en dites-vous ? Savez-vous rien de plus particulier que cela ? Actuellement, la maîtresse et la suivante se travestissent. Que me conseillez-vous, Mario, avertirai-je votre sœur ou non ?

MARIO. – Ma foi, monsieur, puisque les choses prennent ce train-là, je ne voudrais pas les déranger, et je respecterais l'idée qui leur est inspirée à l'un et à l'autre ; il faudra bien qu'ils se parlent souvent tous deux sous ce déguisement, voyons si leur cœur ne les avertirait pas de ce qu'ils valent. Peut-être que Dorante **prendra du goût pour** ma sœur, toute soubrette[4] qu'elle sera, et cela serait charmant pour elle.

MONSIEUR ORGON. – Nous verrons un peu comment elle se tirera d'intrigue.

MARIO. – C'est une aventure qui ne saurait manquer de nous divertir ; je veux me trouver au début et les agacer tous deux.

QUESTIONS

1. **Pourquoi les deux jeunes gens changent-ils d'identité sociale ?**
2. **Quels sont les arguments de Mario pour que le stratagème ne soit pas révélé ?**
3. **Trouvez un synonyme de « figure » dans « sous la figure de son valet » (p. 86). Remplacez la formule « prendra du goût pour » par un verbe de même sens.**

---

1. *Notre future* : ici, future bru du père et future femme du fils.
2. *Vous en userez là-dessus* : vous ferez comme vous voudrez.
3. *Sur le chapitre de Dorante* : en ce qui concerne Dorante.
4. *Soubrette* : femme de chambre de comédie.

3. Roman

ERNST THEODOR AMADEUS HOFFMANN (1776-1822)
***Le Chat Murr* (deux volumes, 1819 et 1821), roman inachevé, traduction d'Albert Béguin © Éditions Gallimard, 1980**

[...] Le duc Irénéus pensait à la richesse du prince, à sa parenté avec de puissants souverains [...] ; l'idée lui vint alors que le mariage de ce prince avec la princesse Hedwiga pourrait avoir les plus salutaires conséquences. Dans le plus mystérieux des mystères, le chambellan que le duc envoya aussitôt porter au prince ses condoléances personnelles mit en poche un portrait en miniature de la princesse, qui était d'une fidélité parfaite, sauf pour le teint. Il faut noter ici que la princesse Hedwiga eût été une beauté accomplie si son teint eût moins tiré sur le jaune. Aussi l'éclairage des chandeliers lui était-il favorable.

Le chambellan s'acquitta fort habilement de sa mission secrète ; le duc n'avait parlé de son intention à personne, pas même à la duchesse. Lorsque le prince Hector vit le portrait, il tomba dans une extase semblable à celle de son collègue princier dans *La Flûte enchantée*[1]. Comme Tamino[2], il eût pour un peu, sinon chanté, du moins proclamé : « Ce portrait est d'une ravissante beauté... » et la suite : « Ce sentiment est-il de l'amour ? Oui, oui, c'est de l'amour uniquement. » Chez les princes, en général, ce n'est pas « l'amour uniquement » qui leur fait rechercher une belle ; pourtant, le prince Hector ne pensa point à autre chose lorsqu'il se mit à sa table et écrivit au duc Irénéus, implorant l'autorisation de prétendre au cœur et à la main de la princesse Hedwiga.

Le duc répondit qu'il n'était point besoin d'autre démarche, puisqu'il approuvait avec joie une union qu'il souhaitait déjà du fond de son cœur. [...] Mais, puisqu'il fallait sauvegarder les

1. *La Flûte enchantée* : opéra composé en 1791 par Mozart (1756-1791).
2. *Tamino* : le prince Tamino est amoureux de Pamina, fille de la reine de la nuit.

formes, il priait le prince d'envoyer à Sieghartsweiler un aimable messager, du rang qui convenait ; il pouvait d'ailleurs lui donner pleins pouvoirs pour conclure le mariage. Le prince répondit : « Je viens moi-même, mon prince ! »

Cela ne plut guère au duc qui jugeait plus princier le mariage **par procuration** [...].

Le prince Hector vint donc à Sieghartsweiler pour épouser la princesse Hedwiga. [...] Il lui parut heureux que le duc eût gardé le secret sur ses vues[1], et il le pria très particulièrement de n'en rien dire encore à la princesse Hedwiga : car il voulait se persuader[2] de son amour avant de faire aucune démarche pour obtenir sa main.

Le duc ne comprit pas trop ce que le prince voulait dire, et répondit que, pour autant qu'il sût et se souvînt, cette forme – l'assurance de l'amour avant les noces – n'avait jamais été en usage dans les maisons régnantes. Si pourtant, ajouta-t-il, le prince n'entendait par là que l'expression d'un certain attachement, cela ne pouvait absolument pas se passer pendant l'époque des fiançailles ; malgré tout, la jeunesse insouciante ayant quelque penchant à sauter par-dessus les commandements de l'étiquette, on pourrait placer cet aveu trois minutes avant l'échange des anneaux. Il serait certes très beau et très noble que les augustes[3] fiancés manifestassent à cet instant quelque éloignement mutuel, mais hélas ! les règles de la suprême convenance étaient devenues de vains songes dans les temps modernes !

Lorsque le prince vit pour la première fois la princesse Hedwiga, il murmura à l'oreille de son adjudant, en dialecte napolitain : « Par tous les saints, elle est belle, mais elle est née bien près du Vésuve, et le feu du volcan étincelle dans ses yeux. » [...]

1. *Eût gardé le secret sur ses vues* : n'eût pas souhaité dévoiler son intention d'épouser la princesse.
2. *Se persuader* : être certain.
3. *Augustes* : ici, nobles (il s'agit d'une princesse et d'un prince).

La princesse Hedwiga était calme, distraite, ne manifestait aucun intérêt et semblait n'accorder ni plus ni moins d'attention au bel étranger qu'à n'importe quel nouveau venu ; elle demanda sur un ton fort bougon[1] à Nanette, sa dame d'honneur aux joues rouges, si elle était devenue folle, car elle ne cessait de lui souffler à l'oreille que le prince étranger était bien joli et que de sa vie elle n'avait vu un plus bel uniforme.

Le prince Hector déployait maintenant devant la princesse **l'éblouissante queue de paon de sa galanterie** ; elle, presque offensée par la fougue de ce trop suave[2] ravissement, l'interrogeait sur l'Italie, sur Naples.

[...] Dans un des fréquents rapprochements que prescrivait la danse, le prince pressa vivement la belle princesse sur son cœur, mais à cet instant même, Hedwiga tomba évanouie dans ses bras. [...] Dès que le prince Hector apprit qu'Hedwiga était revenue à elle, il se fraya un passage à travers le cercle des dames qui l'entouraient, s'agenouilla auprès du sofa et s'accusa humblement d'être le seul coupable d'un incident qui lui déchirait le cœur. Mais dès que la princesse l'aperçut, elle s'écria en donnant tous les signes de la plus vive répulsion : « Allez-vous-en ! allez-vous-en ! » puis elle retomba sans connaissance.

QUESTIONS

1. En quoi le prince et le duc ont-ils des conceptions opposées du mariage ?

2. Quel est le sens de « par procuration » dans le contexte (en gras p. 89) ?

3. Expliquez la métaphore dans « l'éblouissante queue de paon de sa galanterie » (en gras ci-dessus). Quelle image donne-t-elle du prince ?

---

1. *Bougon* : grognon.
2. *Suave* : d'une douceur exquise.

4. Carte postale

Sarah Bernhardt (1844-1923) dans sept de ses grands rôles au théâtre (*L'Aiglon, La Belle au bois dormant, Les Bouffons, Jeanne d'Arc, Sainte Thérèse de Jésus ou sainte Thérèse d'Avila, Angelo* et *Théroigne de Méricourt*), XIXe siècle.

QUESTIONS

1. **En quoi cette mosaïque de portraits de l'actrice dramatique Sarah Bernhardt illustre-t-elle le thème du travestissement au théâtre ?**

2. **Quel était le surnom de Sarah Bernhardt ?**

3. **Citez les noms de deux autres comédiennes du XIXe siècle qui se sont travesties pour jouer un rôle au théâtre.**

LEXIQUE

A

Abyme (mise en) : procédé qui consiste à insérer une œuvre dans une autre (théâtre dans le théâtre ; roman dans le roman ; tableau dans un tableau...).

Acmé : paroxysme de l'intrigue théâtrale.

Allégorie : figure de style dans laquelle une notion abstraite est représentée sous une forme concrète.

Allitération : effet sonore produit par la répétition d'une ou de plusieurs consonnes dans une suite de mots proches.

Anaphore : figure de style dans laquelle le même mot (ou le même groupe de mots) est repris en début de phrase ou de vers.

Antiphrase : figure de style dans laquelle est sous-entendu le contraire de ce qui est dit ou écrit (procédé essentiel de l'ironie).

Antithèse : figure de style dans laquelle des mots ou des expressions d'une même phrase s'opposent (voir *oxymore*).

Aparté : paroles d'un personnage entendues seulement par les spectateurs.

Apostrophe : figure de style dans laquelle une personne, un animal ou une chose (présente ou absente) est interpellé directement.

Assonance : effet sonore produit par la répétition d'une ou de plusieurs voyelles dans une suite de mots proches.

B

Bienséance (règles de) : dans la tragédie classique, nécessité de ne pas choquer le spectateur (ex. : pas de meurtre sur scène).

C

Cabotin : mauvais acteur.

Catharsis : fonction majeure de la tragédie. Le spectateur se libère de ses passions au travers de la représentation théâtrale.

Champ sémantique : ensemble des sens d'un mot selon différents contextes.

Commedia dell'arte : comédie populaire italienne née au XVIe siècle, caractérisée par des personnages types souvent masqués (Arlequin, Scapin) et dont l'action repose sur la ruse, le travestissement, des scènes de bastonnade.

Confident : personnage secondaire à qui d'autres personnages révèlent leur pensées et leurs sentiments intimes.

Connecteur logique : mot de liaison invariable qui marque les étapes d'une argumentation.

Connotation : signification secondaire associée au sens premier d'un mot (voir *dénotation*).

Coup de théâtre : événement imprévu et soudain qui modifie l'action.

D

Délibératif (monologue) : dans la tragédie, longue tirade dans laquelle un personnage, confronté à un choix, hésite entre plusieurs voies possibles.

Dénotation : sens premier d'un mot ; celui qui est donné dans le dictionnaire (voir *connotation*).

Dénouement : au théâtre, fin de l'action, résolution de l'intrigue. Par extension, fin d'une histoire.

Didascalies : informations données par l'auteur en dehors des répliques (lieu, époque, décors, indications de mise en scène, noms, gestes, intonations des personnages, etc.).

Discours : le type de discours varie selon les intentions d'un auteur (discours narratif, explicatif, argumentatif, descriptif, injonctif).

Discours rapportés : discours direct, indirect, indirect libre, narrativisé.

Drame : du bas latin *drama*, issu du grec ancien *drâma*, « action théâtrale ». Le terme désigne toute œuvre écrite pour la scène. Plus spécifiquement : drame bourgeois (né au XVIIIe siècle), drame romantique. Par extension : pièce pathétique (contraire d'une comédie).

E

Énonciation : fait de produire un discours. Ensemble des conditions dans lesquelles cet énoncé est produit (locuteur, destinataire, lieu, époque, visée des propos). Au théâtre, on parle de « **double énonciation** » car les paroles d'un personnage sont destinées aux autres personnages présents sur scène, mais également aux spectateurs. L'auteur de la pièce s'adresse, lui aussi, au public au travers de son texte.

Euphémisme : figure de style dans laquelle une réalité, considérée comme choquante ou déplaisante, est atténuée (ex. : « non-voyant » pour « aveugle »).

Exposition (scène d') : début d'une pièce (présentation des personnages et de la situation).

H

Hyperbole : figure de style dans laquelle une idée est mise en relief au travers de l'amplification, de l'exagération.

Hypotexte : texte source qui sert de point de départ à une réécriture (le texte produit est l'**hypertexte**).

I

Intertextualité : dans un texte littéraire, ensemble des références, implicites ou explicites, à un ou plusieurs autres textes.

Introspection : réflexion sur soi, sur son être intérieur.

L

Locuteur : émetteur ou producteur d'un message (énoncé) adressé à un destinataire.

M

Métaphore : figure de style dans laquelle deux idées sont rapprochées, sans terme comparatif (ex. : « Votre âme est un paysage choisi », Verlaine).

Métonymie : figure de style dans laquelle un élément (être, objet, lieu...) est désigné par un autre en rapport avec lui (ex. : contenu désigné par le contenant).

Modalisateurs : ensemble des termes (verbes, adverbes, lexique valorisant, dévalorisant...) qui indiquent le jugement porté par le locuteur (argumentation).

Monologue intérieur : procédé narratif qui consiste à rapporter les pensées d'un personnage.

N

Nœud : point central d'une intrigue.

O

Oxymore : figure de style dans laquelle deux termes de sens contraire sont placés côte à côte.

P

Paradoxe : proposition contraire à la logique, au sens commun.

Paratexte : ensemble des éléments qui entourent le texte (nom de l'auteur, titre, préface, notes...).

Parodie : imitation dans un but comique.

Pastiche : écriture « à la manière de », imitation du style d'un auteur.

Péripétie : événement imprévu qui modifie l'intrigue.

Périphrase : figure de style dans laquelle un mot est remplacé par une expression qui insiste sur ses caractéristiques.

Polysémie : caractère d'un mot ou d'une expression qui a plusieurs sens.

Prolepse : dans un récit, anticipation d'une situation à venir.

Protagoniste : personnage principal d'une intrigue.

Q

Question oratoire (ou rhétorique) : fausse interrogation, question qui n'attend pas de réponse.

Quiproquo : (du latin *quid pro quo*, prendre une chose pour une autre) malentendu, méprise (effet comique). Le spectateur connaît ce que le(s) personnage(s) ignore(nt). Le quiproquo est source de péripéties.

R

Registre littéraire : désigne l'ensemble des moyens utilisés par l'auteur pour susciter un effet particulier, une émotion face à un texte. Les registres sont divers : comique, tragique, lyrique, épique, polémique, pathétique, satirique, didactique, épidictique (admiration ou blâme).

Règles des trois unités : (dans la tragédie classique) un seul lieu, une action principale, une durée d'action qui doit le plus coïncider avec celle de la représentation.

S

Satire : critique par le rire d'un fait de société, d'une idée, d'un vice humain, etc.

Schéma actantiel : schéma qui présente l'ensemble des rôles (**actants**) et leurs relations. Un récit est considéré comme la **quête** d'un objet par un sujet. Le **destinateur** incite le sujet (le héros) à poursuivre cette quête, qui doit bénéficier à des **destinataires**. Le **sujet** peut être aidé par des personnages (**adjuvants**) ou, au contraire, il peut rencontrer des adversaires (**opposants**).

Schéma narratif : schéma qui détermine la structure d'un récit : situation initiale, événement perturbateur, péripéties, élément de résolution et situation finale.

Stichomythie : au théâtre, dialogue vif avec des répliques très courtes.

T

Thèse : point de vue défendu, opinion soutenue (dans un texte argumentatif).

Tirade : au théâtre, longue suite de phrases prononcées par un personnage.

Topos : (du grec « lieu ») cliché, lieu commun dans la littérature (ex. : le thème récurrent de la rencontre amoureuse). Au pluriel : **topoï**.

Conception graphique : Muriel Ouziane et Yannick Le Bourg
Édition : Charlotte Cordonnier
Illustration des frises : Benjamin Strickler
Réalisation : Nord Compo, Villeneuve-d'Ascq
Crédits iconographiques : couverture : © Bonhams, London/Bridgeman Images – Cadre (couverture) : © Martial Lorcet – rabat et p. 77 : © AKG-Images – p. 4 : © Photo Josse/Leemage – p. 7 : © Christine Girodias-Majeune – p. 68 : © The Holbarn Archive/Leemage – p. 72 : © De Agostini Picture Library/AKG-Images – p. 91 : © Gusman/Leemage.

Certifié PEFC
Ce produit est issu de forêt gérées durablement et de sources contrôlées
www.pefc.it
PEFC/18-31-103

Achevé d'imprimer en mai 2021 par Rotolito en Italie
N° d'éditeur : MAGSI20200600 - Depôt légal : Juin 2021